シリーズ・思考の道先案内 1

差別の哲学入門

Philosophy of Discrimination : An Introduction

池田 喬
堀田義太郎

Takashi Ikeda
Yoshitaro Hotta

アルパカ

シリーズ・思考の道先案内について

世界は、ますます複雑に多様化しています。そのなかで思考することはより、大切になってきました。

本シリーズは、日常で誰もが経験するすごく重要だけど、とても複雑で、すぐには答えの出ない問いや概念を、どう考えたらいいのか、どう対応すればいいのかわからなくなったとき、思考の道先案内として哲学をはじめさまざまな学問の力を借りて、一般の方々もこれから学ぼうとする人たちにも分かりやすく、あなたに寄り添って案内してくれるようなシリーズです。

これから思考の道程を楽しみ、悩み、考えてみてください。

第2章 差別はなぜ悪いのか

第3章 差別はなぜなくならないのか……183

カバー・本文デザイン＝ナカグログラフ（黒瀬章夫）

序　章

なぜ「差別の哲学」なのか

なぜ差別について考えるのは難しいのか

どうして差別についてわざわざ一冊の本を読んで考える必要があるのでしょうか。このことを最初に考えておきたいと思います。

まず、考えるまでもなく、差別は悪いものだということは自明であるように思えます。差別とは何かと言えば、肌の色や性別や障害の有無によって人間を区別することでしょう。奴隷制やアパルトヘイトのような酷い差別は、歴史の中で徐々に解消されてきたと言われています。こういったことはほとんど常識の一部に入ると言ってよいように思われます。

けれども、次のような例を考えてみるとどうでしょうか。性差別と呼ばれるもののなかに、女性であることを理由に入学や就労において不利に扱われるというものがあります。こうした場合には、男女の区別なく誰もが同じように扱われるべきだという考えが生じます。では、どんな場合でも男女の区別なく同じように扱うのがよいということになるでしょうか。たとえば、学校、駅、病院、図書館などに行くと、トイレが男女別にわかれています。このとき、性別によって人々が区別されています。しかし、男女別トイレによって差別がなされていると言えるでしょうか。おそらく判断に迷う人もいるでしょう。

あるいは、障害があるためにバスの乗車やレストランへの入店を拒否されることは、障害者差別の一例だと言えるでしょう。他方、視覚障害のある受験生に、特別に試験時間を長くするという措置が取られる場合があります。このときには、障害の有無によって人々の扱いに区別が付けられています。これはこの受験生を差別していることになるのでしょうか。あるいは、障害のない受験生を差別していることになるのでしょうか。これも難しい問題です。

また、奴隷制がなくなって久しい米国でも、２００９年にバラク・オバマ氏が非白人としてはじめて大統領になったことは世界中で大きなニュースになりました。大統領が白人でないということがこれだけのニュースになるということは、現在でも、白人と非白人の社会的地位には開きがあることを物語っています。特に、白人警察官によるアフリカ系アメリカ人への暴力に対する反対運動が広がっていることは、２０２０年のジョージ・フロイド氏の死亡事件によって日本でもよく知られるようになりました。「ブラック・ライブズ・マター（Black lives matter）」という差別反対運動のスローガンを聞いたことがある人もいるでしょう。

差別とは何かという問いには、思った以上に、まだまだ考えるべき事柄が多く含まれているようです。

また、このように考えてみると、差別は悪いものだという常識にも、さらに掘り下げて考えるべき問題が含まれていることが見えてきます。たとえば、障害のある受験生に特別な措置を施すことは、たしかに障害の有無によって人々に違う扱いをすることですが、この区別がこの受験生に対して悪いことをしているとはなかなか思えないでしょう。他方で、この措置は、障害のない受験生のほうを不利にするんじゃないか、健常者の受験生を差別しているんじゃないかと思うかもしれません。そのときには、障害者差別は悪いという通常の考えとは違う仕方で、悪い差別について考えていることになります。すると、結局、どういう風に人々を区別することが悪い差別だと言えるのかは、実はそんなに自明なことでない、とわかるのではないでしょうか。

仮に差別が悪いことは明白な事実だったとして、それではなぜ差別はなかなかなくならないのでしょうか。奴隷制やアパルトヘイトがなくなった今でも、白人と非白人のあいだにはさまざまな不平等が残っています。また、車椅子を使っている人が電車に乗ってきたとき、車椅子を使っていない人たちは、その人をそれ以外の人とまったく同じように見ていると言えるでしょうか。きっと難しいでしょう。あるいは、教室に自分と違う肌の色の学生がいるとき、どこかで特別な意識をもっていることに自分で気がつくことがないでしょうか。

こう見てみると、差別について考えるべき事柄はたくさんあることがわかると思います。本書は、これまでに出てきた三つの問い「差別とはどういうものか」「差別はなぜ悪いのか」「差別はなぜなくならないのか」をメインの問いとして、差別について哲学的に考えていきます。

差別について本当に語ろうとするなら、こうした根本的な問いに遡って考える必要があります。国際的に見ると、哲学の世界では広くこれらの問いへの取り組みが見られ、「差別の哲学」は最近になってますます盛んになってきています。しかし、日本においては、哲学的に差別を考える試み自体がほとんどありませんでしたし、差別の哲学の研究者は非常に少なく、その中身は一般には全然知られていません。日本で差別の哲学が不在であったのは、差別の問題は哲学にとって本質的な問題ではないという発想が支配的だったからだと思われます。しかし、哲学だからこそ差別を根本的な問いに遡って考える可能性をもっていることを、差別の哲学の国際的な盛り上がりはすでに示しています。そこで本書では、国際的な議論状況を紹介すると同時に、具体例には日本の実例をなるべく取り入れるように努めました。日本における差別の哲学の不毛さを変化させたいという思いが私たちにはあります。

哲学的に問うとはどういうことか

本書のタイトルは『差別の哲学入門』です。差別について考えるべき問いがあることはわかりましたが、「哲学的」に問うとはどういうことなのでしょうか。

差別について考えるというと、差別の実態調査をすることなどが思いつくかもしれません。たとえば、男女差別の実態について、賃金や地位の男女間格差を調べたり、アンケートやインタビューをしたりして明らかにするというやり方がありえます。法律のなかで差別がこれまでどのように扱われてきたかを調べるという方法もあるでしょう。あるいは、法律に限らず、差別を受けてきた人たちの歴史を知るというやり方もあるでしょう。さらに、差別意識が生じるメカニズムを心理学的に解明するという道もあるかもしれません。

哲学的に考えるということは、しかし、以上のどれとも同じではありません。もちろん、歴史や現在の状況について事実的に知ることは重要です。けれども、哲学的に考えて何かがわかるというのは、事実を調べればわかるというタイプのわかり方とは違うのです。

たとえば、「愛とは何か」というのは古来より問われてきた哲学的な問いです。この問いにどのようにアプローチできるでしょうか。たとえば、日本の大学生の恋愛意識を調査するとか、世界各国で同性カップルの権利を保障する法整備がどう進められてきたかを調べるといった方法によって、人間が愛についてどう考えてきたかを知ることはできます。けれども、これらの方法で「愛とは何か」という問いに十分な答えが与えられたとは思わないのではないでしょうか。今、大学生である人たちも10年後には違った恋愛観をもっているかもしれません。それに、愛という場合には、恋愛だけでなく、親子愛とか、郷土愛とか、あるいは人類愛なども含まれるはずです。こうしてみると、「愛とは何か」という問いに答えるには、もっと広く人間のさまざまな関係や考え方を考慮する必要があることがわかります。哲学的に問うときには、まず、テーマに対して開かれた態度を取ることが求められます。

「愛とは何か」について開かれた態度を取ると、さまざまな問いが次々に未解決の問題として立ち現れます。そもそも愛とは人間だけに向けられるものなのか、それとも、場所とか物とか、人間以外のさまざまな対象にも向けられるものなのか。愛とは感情的なものなのか、それとも行為に現れるようなものなのか。たとえば、親が自分の子どもを心から愛していると感じていても、その愛が体罰というかたちで現れたとき、その親はこの子を本当に愛していると言えるのか。これは難しい問題です。哲学的に愛について問うということは、愛についての事実を調べようというときに私たちがすでに前提している事柄をあらためて問い直すことを含むのです。

ここで、差別に関する問題の一例としてヘイトスピーチについて考えてみましょう。2016年に施行された「ヘイトスピーチ解消法」をめぐって多くの人が、ヘイトスピーチの法的規制は妥当なのかどうかを論じてきました。たとえば、ヘイトスピーチが特定の人々への攻撃を含んでいても、それもまた「表現の自由」だと言う人がいる一方で、どんな内容であっても表現の自由が認められるというわけではないと言う人もいます。こうした議論の応酬は、どうしても、ではそもそもヘイトスピーチとは何なのか、表現の自由とは何なのか、あるいは、ヘイトスピーチはなぜ不当な差別だと言えるのか、などの問いにぶつかります。こういう根本的な問いが生じるとき、哲学のフィールドが開かれているのです。

何かに対して同じ意見をもっているとしても、哲学的にしっかり考えた場合とそうでない場合とでは、根拠の厚みに違いがでてきます。そして、意見をもつことにとって、根拠に厚みがあるかどうかはとても重要です。

たとえば、「死刑制度には反対だ」という意見を私がもっていたとします。そして、この私の意見に多くの人が賛同したとしましょう。けれども、実は、私は、親がそう言っているので自分もこの意見にしたというだけで、それ以外には何の根拠もなかったとします。こういう単なる口真似に比べると、ニュースで「ヨーロッパでは死刑はほとんどの国で廃止されている」と見たことを根拠に「死刑制度には反対だ」という意見を述べているときのほうが信用できるでしょう。また、これと比べて、私が、死刑に反対する根拠として「冤罪を根絶できない」とか「死刑に犯罪の抑止効果はない」ことを挙げるとすれば、根拠をよりさかのぼって問おうとしていると感じるでしょう。哲学は物事の根拠をできる限り深くさかのぼって問うことで、しっかりとした意見をもてるようになるための学問です。

差別の哲学は何をするのか――三つの根本問題

本書の根本問題は「差別とはどういうものか」「差別はなぜ悪いのか」「差別はなぜなくならないのか」の三つです。

「差別とはどういうものか」という問いについては、人々の間に区別を付けるときの三つの段階に即して考えていきます。まず、私たちはさまざまな仕方で人々を区別しています。そのなかには、くじ引きで景品がもらえる人ともらえない人が出てくること、自分の知り合いには挨拶をして他の人には挨拶をしないこと、電車でお年寄りには席を譲って若い人には譲らないこと、受験で合格者と不合格者が分けられること、親が他の子どもよりも自分の子どもを可愛がること、肌が白い人を雇用して肌が黒い人を雇用しないこと、男性を昇進させて女性を昇進させないこと、などが含まれます。これらのすべては人々を区別していますが、そのすべてを差別だとは言えないでしょう。これらの例に違いがあるとすれば、それはどういう違いなのでしょうか。

「差別はなぜ悪いのか」という問いについては、主に四つの考え方を紹介し、その内容を検討していきます。まず、差別が悪いのは、差別する人が、差別される人に対して悪意をもっていたり、差別される人について偏見に満ちた考えをもっていたりするからだ、という見方があります。この考えによれば、黒人に対する差別が悪いのは、差別をする人たちが黒人は知的に劣っているという誤った思想をもち、偏見や敵意を抱いているからだ、ということになります。

二つ目に、差別が悪いのは、差別される人が大きな害や不利益を被るからだ、という考え方があります。たとえば、黒人に対する人種差別が悪いのは、それが、選挙権の剥奪から公共の水飲み場での隔離まで、多種多様な害を黒人に与えてきたからだ、という考え方です。

三つ目に、差別が悪いのは、差別される人の人権を侵害するからだという考え方があります。たとえば、黒人に対する差別が悪いのは、黒人の人たちが、自由に公共施設にアクセスしたり、教育を受けたりする自由を侵害されてきたからだ、という考え方です。

四つ目に、差別が悪いのは、差別される人々が、歴史的に見て、低い社会的地位に置かれていたり、劣った存在とみなされたりしているからだ、という考え方があります。この場合、黒人に対する差別が悪いのは、奴隷制から人種隔離政策に連なる長い歴史があり、その歴史の痕跡が今でも社会生活のあらゆるところに残っているからだ、という考えになります。これらの考え方はお互いに対立することもあれば、相互に関係することもあるでしょう。

「差別はなぜなくならないのか」という問いについては、たとえば次のような指摘があります。まず、差別をしている人にその自覚がなくても差別をしていることがあります。外国人が入居すると他の入居者から苦情が来るために、大家が外国人の賃貸契約を断るという場合、この大家は外国人に敵意をもっているわけではなく、単に商売上の理由でそうしているだけかもしれません。あるいは、差別をしている自覚がないどころか、むしろ差別に反対しているつもりが、差別をしているケースもあります。たとえば、「あなたの肌の色は見ていません。世界には一つの人種しかありません。つまり、人間です」と言う人がいるとします。この発言は差別に反対するためになされているわけですが、このように言うことによって、現実に存在する人種問題を隠蔽してしまう場面もあります。

これらの問題を考えながら、本書は差別について多角的に光をあてていきます。それによって、差別というものがより立体的に、よりリアルに浮かび上がってくるでしょう。もっとも、掘り下げて考えることで、問題の大きさと複雑さを前にたじろいでしまうかもしれません。でも、あなたが問題を前にたじろぐことこそ、本書が目指すところなのです。なぜなら、問題を前にたじろぐときに、本当の意味で問うことがはじまるからです。

哲学的に大きく開かれた問いは難しくて、私たちを困惑させます。そういうとき、私たちは単純な答えに飛びつこうとしてしまいます。たとえば、「結局、差別というのは差別だと感じている人がそう思い込んでいるだけなんだ、はっきりとした実体はないんだ」、といった風に。あるいは逆に、「他人を下に見たり、自分以下の存在として扱ったりする行為はすべて差別だ」、といった風に。こうしたとき、ひとは、問題の事柄を、心の状態という閉塞した領域や、たった一つだけの基準に切り詰めて、すぐに結論を出そうとしています。しかし、こうした単純化は、本当に取り組むべき問題を見失わせたり、差別の悪質さを軽視したりすることにつながります。問題を一面化したり単純化したりすることは、それ自体、差別に加担することにもなるのです。問題をごまかさずに自分自身で真摯に問うことがはじまったとき、問題にはじめて向き合っていると言えるのです。

それでは、差別の哲学をはじめましょう。

第1章

差別とはどういうものか

まず、差別とはどういうものかについて考えていきましょう。これまで世界の各地で、さまざまな行為や経験が差別と呼ばれてきました。しかし、それらのなかには、さまざまな違いがあり、どれも同じような特徴を備えているわけではありません。

たとえば、女性に選挙権を与えないとか、黒人には公園の水飲み場を使わせないとか、人種や性別によって就労上不利に扱ったりすることは、典型的な差別とみなされています。イスラム教徒の学生のサークルへの入会を拒否することや、被差別部落出身の人が相手の親に結婚を反対されることなども典型的な差別でしょう。これらを考えると、選挙権のような政治の問題、就職のような仕事の問題、公共空間での社会生活上の問題、さらに、学校生活での問題、結婚で生じる問題など、場面はさまざまです。水を飲むことから選挙での投票まで、まったく異なる場面が問題になっているように見えます。これらの場面での区別がすべて「差別」行為と呼ばれていますが、これらの行為に共通の特徴を見い出すことなどできるのでしょうか。むしろ、驚くほどの多様性が浮き彫りになるように思われます。

差別発言はどうでしょうか。たとえば、ヘイトスピーチは差別論の重要なテーマの一つですが、ヘイトスピーチがどういう意味で差別なのかについては議論があるところです。というのも、ヘイトスピーチは、先の典型的な差別と違って、法的権利や経済的利益を直接制限するものではなく、また、政治的な取り決めや会社の方針といった組織的な水準ではなく、一般の個人が街頭に集まったりSNSのようなインターネットの世界で行なったりするものだからです。

実際、ヘイトスピーチは、結局は「ただの言葉」であり「表現の自由」の一部だという見解までが述べられてきました。

さらに、ハラスメントのように、差別と重ねて語られているものでも、よく考察すると差別とは重ならない要素が見出されるものもあります。女性従業員が性的行為を男性上司に強要されるようなセクシュアル・ハラスメントが性差別の一つのかたちであることはたしかです。しかし、今日ではさまざまな「〜ハラスメント」が登場し、その定義が複雑になるにつれ、これは差別と言うべきなのだろうかと迷わせるケースも出てきています。たとえば、意見の合わない学生を無視するとか論文の指導をしないなど、大学教授のアカデミック・ハラスメントは、ハラスメントという名がついていても差別とは同一視しがたいように思われます。

よくよく考えてみると、日常の至るところに、これは差別なのかと迷うようなケースは存在しています。上の子どもが通っている幼稚園には下の子どもも受かりやすいとか、会社の人事係が自分と同じ地域の出身者を優先的に雇用するなどの「えこひいき」はどうなるのでしょうか。あるいは「いじめ」は差別なのでしょうか。

こうした差別の多様性や曖昧さを前にして、急速にこれこそが差別だと一つのかたちに集約するのではなく、以下では、むしろさまざまな差別（や差別のように見えるもの）のあいだの違い、類似性、共通性などをなるべく丁寧に見ながら、「差別とはどういうものか」について一定の見通しを得たいと思います。

単なる区別と不当な差別はどう違うのか

行為としての区別と差別

まず、私たちが差別について常識的に知っていること、だいたい共有していると思われる理解を挙げるところからはじめましょう。

差別は「してはいけないこと」だというのは、直接教わったことがなくても、ほとんどの人が知っていて、同意することだと思います。「してはいけないこと」というのはそのとおりですが、ここからわかるのは、「差別」というのは人が「する」こと、つまり行為の一種だということです。当たり前のことと思われるかもしれません。しかし、「差別」が行為の一種だということは、格差のような「状態」とは異なる、ということを意味しています。

しばしば、差別と格差はセットで語られます。たとえば、「男性と女性の賃金格差」が「差別」として取り上げられることなどです。しかし、こうした格差の状態は差別行為の結果だというのが正確でしょう。このように「ある行為が結果としてある状態をもたらす」ということは、この行為と状態は同じものではないということを意味しています。それゆえ、差別という「行為」をそれとしてクローズアップすることは、たとえば格差のような状態からこの行為を際立たせるためにも、また、格差のような状態をその原因から明らかにするためにも重要なのです。

では、差別に似た行為として何が思い浮かぶでしょうか。日本語で似ている言葉に「区別」があります。私たちは生活の至るところで、人々を区別しています。市役所に行くと、用事の内容ごとに別々の窓口に並ぶことを求められます。街中で友達に会ったら挨拶しても、それ以外の他人には挨拶しません。受験で一定以上の点数を取った人は入学が許され、点数を取れなかった人には入学が許されません。これらは、差別なのでしょうか。それとも「単なる区別」に過ぎないのでしょうか。

差別とはどういうものかを考えるために、差別と単なる区別の違いを見定めることから出発するというやり方があります。このやり方は差別の哲学においても代表的なものです。このやり方が必須であることは英語の「差別（discrimination）」という語を考えるとはっきりします。discriminationという語は、元々は「区別を付ける」ことや「分ける」ことを意味します。特に悪い差別を意味するとは限りません。たとえば、discriminating eyeは「緻密に物を見分ける目」のことであり、鑑識眼のある様子を指しています。それゆえ、「区別（discrimination）」のうちどれが「差別（discrimination）」なのか、という風に問わざるを得ないわけです。日本語の場合も英語ほどではないですが、同様の事情を見て取ることができます。たとえば、「他社製品との差別化を図る」といった場合には、中立的な意味での「区別」が問題になっています。

道徳的に不当な差別は単なる中立的な区別とはどう違うのか、という問題設定をここでも採用したいと思います。

単なる区別から悪質な差別を峻別する

以下では、哲学者アイデルソンの議論を参照しつつ、「単なる区別」「不利益を与える区別」「特徴に基づく区別」「悪質な差別」という区分を用いて、差別とはどういうものなのかを概観していきます。[*1] その結果、「単なる区別」から「悪質な差別」をはっきりと峻別する理路が得られるでしょう。

まず、最も広く言って、人々を区別して扱いを変える行為があります。差別ももちろんこのような区別の一種ですが、区別のすべてが差別ではありません。私たちはさまざまな場面で人々を区別して、その扱いを変えていますが、そのすべてを差別だとは言わないはずです。市役所で用事の内容ごとに別々の窓口に並ぶことを求められることや、街中で友達だけに挨拶することなども差別としてしまうと、いくらなんでも範囲が広すぎるでしょう。用事ごとに列を変えなければ市役所の業務はたちまち滞ってしまうでしょうし、誰にでも挨拶しなくてはならないのであれば挨拶だけで一日経ってしまいそうです。そればかりか、そもそも、友達とはただの知り合いや赤の他人とは違うからこそ友達なのであり、そうである以上、友達「だけ」に挨拶するという区別は友人関係にとって本質的だとさえ思われます。

では次に、人々を区別して扱いを変える行為のなかでも、一方の人々に利益を与えたり、他方の人々に不利益を与えたりする場合はどうでしょうか。これを「不利益を与える区別」と呼びましょう。差別はほとんどの場合、不利益を与える区別です。女性だけに選挙権を与えないことも、黒人には公園の水飲み場を使わせないことも、一方の人々だけに不利益を与える区別です。

では、不利益を与える区別はすべて差別だと言えるでしょうか。それもまた広すぎるように思われます。人々を何らかの基準で区別して、一方に不利益を与えるような行為はたくさんあります。たとえば、試験の得点に基づいて合否を決めることも、不合格になった人に不利益を与えていますが、これをすべて差別だと言う人はいないでしょう。また、くじ引きやジャンケンなどで当たり外れを決める場合を考えてみましょう。くじ引きは、抽選に参加した人の中でごく一部の人に利益を与え、それ以外の人に不利益を与えていると言えるでしょう。これらをすべて差別だとは呼ぶのは難しいのではないでしょうか。

一方に不利益を与えるという点では同じですが、性別や人種に基づいて人々の間に区別をつけることと、試験の得点によって区別をつけること、あるいはくじ引きやジャンケンによって

＊１　Eidelson, Benjamin. *Discrimination and Disrespect*, Oxford University Press, 2015.

区別をつけることは、どこか違うように思われます。何がこの二つを違った行為にしているのでしょうか。得点やくじ引きやジャンケンで決めることは、人々の間に区別をつけ、しかも一方にのみ不利益を与えるとはいえ、その際、その人たちの性別とか人種とかはまったく考慮されません。どんな出自だとか、どんな外見であるとかを度外視しているわけですから、かえって公平なやり方のようにさえ思えます。すると、こうした人々の特徴に基づかないような区別と、性別や人種のような特徴に基づいた区別には重要な違いが認められるでしょう。「不利益を与える区別」のうち、「特徴に基づいた区別」が特に明白に差別だと見なされるものだと考えられます。

この差別の捉え方は、ごく一般的なものとして受け入れられるでしょう。本書でも、一般的な差別の捉え方として以下を出発点にしようと思います。

【差別の不利益テーゼ】差別とは、人々の間に何らかの特徴に基づいて区別をつけ、その一方にのみ不利益を与える行為である

これを図で表すと以下のようになります。まず「不利益を与える区別」と「特徴に基づいた区別」に注目してみてください。真ん中の重複部分が「悪質な差別」だということになります。[*2] そして、不利益も与えず特徴にも基づかない区別がその外側に残ります。この部分を「単なる

図　一般的な差別の捉え方

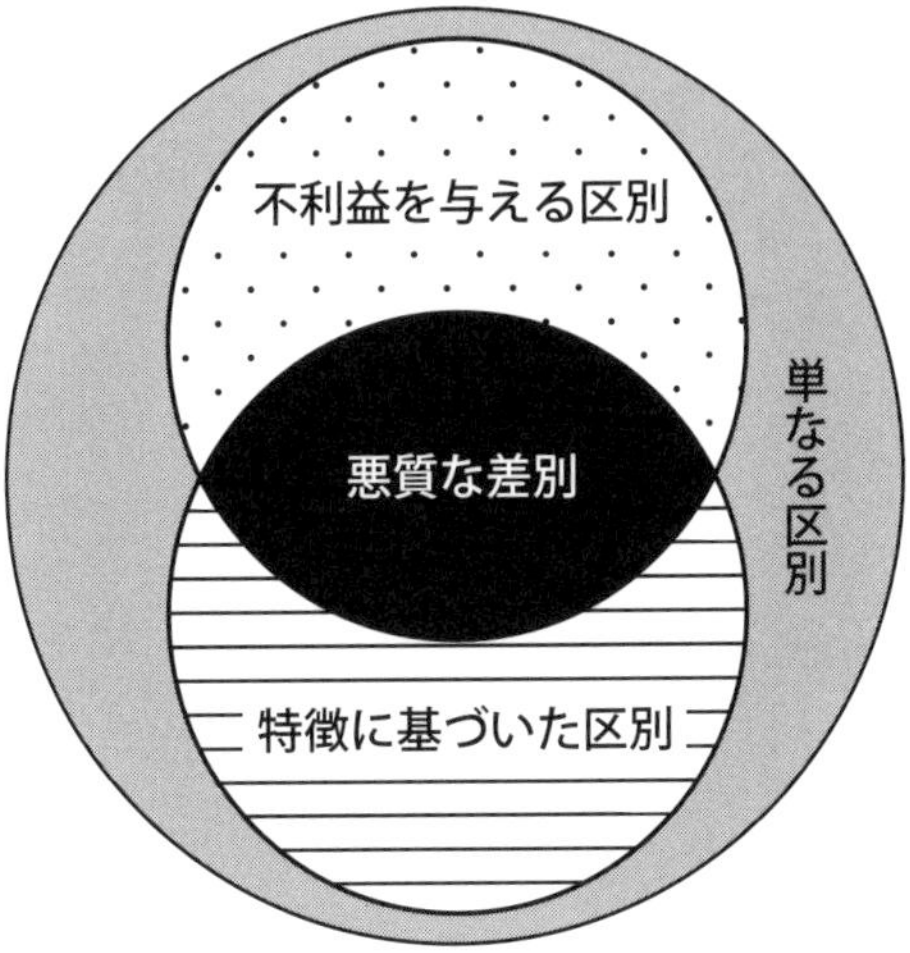

区別」と呼んでおきましょう。街中で友達だけに挨拶するというような先の例は、この「単なる区別」に入ります。「悪質な差別」に相当しない「特徴に基づいた区別」には、例えば男女別の更衣室などが入るでしょう。このテーゼを出発点とした上で、その中身を分析したり、その難点を考えたり、必要な補足や改訂を加えたりすることで、考察を進めていきます。

＊２　アイデルソン自身は、このテーゼを道徳的に中立的なものとして挙げており、重複部分についても悪質な差別だという価値評価を下しているわけではありません。

区別か差別かの分類のむずかしさ

悪質な差別のど真ん中のはずが差別とは言いがたいケース

以上の議論を通じて、区別のなかで「悪質な差別」を限定するための手がかりが得られたことにしましょう。しかし、よくよく考えていくと、この分類にきれいに当てはまらなかったり、当てはめると奇妙に思えたりするケースがでてきます。

唐突に聞こえるかもしれませんが、こういう仮想ケースを考えてみましょう。「名前の頭文字が〈あ〉から〈と〉の人は大学の講堂の前方に座り、〈な〉以降の人は後方に座る」という決まりがあるとしましょう。この場合、「名前の頭文字」という特徴に基づいて学生が区別されており、しかも、「な」以降の人々に不利益を与える場合もありえます。授業に出席して単位を取るという目的からすると、後方に座らされることは、黒板の字が見にくいとか、手を挙げて質問するのに勇気がいるとか、プリントが回ってこないことがあるとか、さまざまな不利益が考えられます。このように、この仮想ケースは先の不利益テーゼだと、「悪質な差別」のど真ん中に当てはまることになります。しかし、「名前の頭文字差別」を人種差別や性差別と同様の「悪質な差別」の例と言うのはどこかためらわれるでしょう。

これは仮想ケースですが、現実にも、「悪質な差別」のど真ん中に当てはまるけれど、それを差別だと言いがたい、として、議論されるケースがあります。たとえばフランスでは、２０００年に定められた法律で、選挙で各政党が候補者を決定する際、候補者の男女比率を半々にするべきだとされています。ルワンダでは、議席数そのものについて最低30％を女性にすることが憲法に基づいて定められています。またアメリカ合衆国では、大学の入学判定の基準のなかに、有色人種の人々の入学を促進する要素を含めています。これらの政策や方針は、元々社会の中にある差別や差別の結果として生じている格差を是正するためのものとして導入されました。こうした政策などをアファーマティブ・アクションとかポジティブ・アクションと呼びます。しかし、これは他面では、得票数や得点そのものでは当選または合格したはずの男性や白人を落とすことにもなり得ます。その場合、落とされた人にとっては、男性または白人という特徴に基づいて不利益を受けていることになります。これは27ページの図では明らかに差別に当てはまり、不利益テーゼによれば悪質な差別に相当します。しかし、その目的や現状の歪みに鑑みると、必ずしも典型的な差別――たとえば女性だから落とすという差別――とまったく同等とも言い切れないところがあります。

変更不可能な特徴だけが差別につながるのか

先のテーゼのなかの「何らかの特徴に基づいて」という部分についてもさらに検討の余地があります。この場合、「何らかの特徴」というのも大雑把な言い方です。もう少し限定しようとするなら、すぐに思い付く考え方としては、本人が簡単には変えられない特徴に基づいていることが「差別」になる、というものがあります。たしかに人種差別や性差別などは、職業のように、本人が選択した結果ではなく、変えることも非常に困難な特徴に基づいています。変更不可能な特徴という考え方は、典型的な差別の例に基づいている点で、十分根拠があるものです。

とはいえ、本人の選択の結果ではない特徴、または本人が変更不可能な特徴に基づく場合のみに限定してしまうと、典型的な差別と思われる別種の事例については問題が生じてきてしまいます。最もよく指摘されるのは、宗教に基づく差別です。たしかに、ある宗教に入信したり改宗したり信仰を捨てたりするのは、本人の意思に基づく選択というよりも、生まれ育った環境などの諸事情に左右される事柄のように思えます。テレビのチャンネルを変えるようには信仰を変えたり、やめたりすることはできないでしょう。とはいえ、人種や性別やその他の身体的な特徴とは違って、宗教をもつことに本人の意思や選択の余地があることは否定できません。

宗教に基づく差別は、残念ながら昔から世界中で問題になっています。そうだとすると、変更できない特徴に限定するのは少し狭すぎるということになるのではないでしょうか。また、変更できない特徴に限定してしまうと、服装や髪形などに基づく差別、自分で選んで住んだ地域に基づく差別なども除外されてしまいます。こうした例を考えると、本人が選択したかどうかや、変更できるかどうかを基準にすることは難しいように思えます。

あるいは、性別についても、変更不可能だと決めつけるわけにはいきません。男女別のトイレ、更衣室、公衆浴場の男女の区別についてここで考えてみましょう。これらの区別は、性別という特徴に基づいていながら誰にも不利益を与えない区別としてしばしば挙げられます。27ページの図を見てみると、図の一番下にこのような「何らかの特徴に基づいて人々を区別しているけれども、その一方に不利益を与えるわけではないような区別」というカテゴリーがたしかにあります。なるほど、異性に見られる心配なく用を足したり着替えたり入浴したりすることは、不利益ではないように思えます。ただし、注意してほしいのは、このように言うとき、私たちは男か女かのいずれかがもともと決まっていて、こうした男女の区別から不利益を得てはいない、という前提があるということです。

けれども、生まれたときから死ぬときまで男か女という性別が不変の特徴としてあるとは言えません。たとえば、子どもの時には女性用トイレに行くことに何の違和感もなかった人が、成長するにつれて、自分の性別に違和感をもつようになり、女性用トイレに行くことに拒否感を覚えるようになる、ということがあります。男性用トイレを使用することを希望することもありますが、性別の区別のない「だれでもトイレ（多機能トイレ）」を探して使うということもあります。この場合、男女別のトイレはこの人に不利益を与えているように思われます。たとえば、大学の授業間の短い休憩時間に「だれでもトイレ」を探すことで次の授業に遅れてしまう、ということが考えられます。（ちなみに、筆者の一人が研究滞在したことのあるデンマークのコペンハーゲン大学の校舎では、すべてのトイレが男女の区別のないものになっていました。）

不利益があれば差別につながるのか

明らかに不利益があって差別と同一視されることが多いけれど、この図の真ん中には入らないケースを含むものもあります。先にも挙げたように、ハラスメントのなかには、セクシュアル・ハラスメントのように、性別という特徴に基づいて一方に不利益を与えるものもありますが、教師から学生へのアカデミック・ハラスメントの場合には、人種や性別のような特徴に基づいてなされることもあれば、そうでないこともあります。たとえば、女性の学生の発言は低く見積もり、公然と否定するという場合には、性別に基づくアカデミック・ハラスメントと言えますが、誰であれゼミの発表に対して馬鹿にするようなコメントばかりをする場合には、特徴には基づかないアカデミック・ハラスメントだと言えます。後者の場合、明らかに不利益があり、差別と同一視されがちですが、特徴に基づかない以上、図の真ん中には入りません。

ヘイトスピーチを含む差別発言はどうでしょうか。ヘイトスピーチは、人種、性別、出自のような特徴に基づいてある集団を攻撃して、その人たちに不利益を与えているので、先の図の真ん中に相当することになります。けれども、ヘイトスピーチはそれ自体としては「ただの言葉だ」として、具体的な不利益を与えているわけではない、という見方もあります。この見方が正しければ、ヘイトスピーチは、（不利益とは関係のない）特徴に基づいた区別に過ぎないことになります。しかしこの結論には戸惑うのではないでしょうか。どこに問題があるのでしょうか。ヘイトスピーチは「ただの言葉だ」という見方に問題があるのでしょうか。または別の観点から差別として扱うべきでしょうか。少なくとも再考の余地があるでしょう。

以上のように、差別を「特徴に基づいて不利益を与える区別」として特徴付けた上で、さまざまなタイプの差別行為を分類しようとしてみると、その難しさも含めて考えるべきことがいくつかあぶりだされてきました。以下では、アファーマティブ・アクション、ヘイトスピーチ、ハラスメント、いじめの順に、それぞれがどういう意味で差別なのか、あるいはどういう風に差別と関連しているのか、を見ていきたいと思います。

アファーマティブ・アクションと逆差別

アファーマティブ・アクションとは何か——一般的説明

最初に、特徴に基づいて一方に不利益を与える区別という「差別」の規定にぴったり当てはまるにもかかわらず、これは本当に差別と言えるのか、という議論が絶えない例として、アファーマティブ・アクションを取りあげます。

「アファーマティブ・アクション」という言葉をはじめて見聞きしたという人も多いかもしれません。日本語では「積極的差別是正措置」または「積極的改善措置」などと訳されますが、アメリカで1960年代に大統領の演説のなかで使われはじめた言葉です。その意味は、「歴史的に差別されてきた〈人種〉・民族的少数派集団および女性や障害者に対するさまざまな優遇策[*3]」のことを指します。「積極的差別是正措置」という訳語はこの意味をうまく表現していますが、最近はそのまま「アファーマティブ・アクション」と表記されることも多くなってきています。似た言葉として「ポジティブ・アクション」という言葉もあります。ポジティブという英語も積極的という意味ですので、ポジティブ・アクションとアファーマティブ・アクションはその意味は基本的に同じです。ただ、ヨーロッパではポジティブ・アクションという言葉が使われ、アメリカやカナダ、オーストラリアではアファーマティブ・アクションという言葉が使われる傾向にあります[*4]。

では、具体的にはそれはどういう措置なのでしょうか。たとえば、大学が入学者の人数に枠を付けて、アフリカ系アメリカ人の入学者数の下限の設定、公務員採用や政府から業務委託を受ける業者を選定する際の「優先枠（クォータ）」の設定などがあります。また、政党の立候補者を男女同率にすることを法律で義務づけたり、会社が人を採用する場合、ほぼ同じ能力のある応募者なら女性を優先して採用したりする方針や法律などを広く指します。

こうした方針や法律の主な目的は、過去に差別を受けてきた人々に対する補償と、人種的マイノリティや女性の社会的経済的な低い地位を改善し、現存する不平等を是正することにあります。

現状が不平等だということについては、関心のない人はあまりピンとこないかもしれません。現状を知るために、ここでたとえば日本の男女格差について見ておきましょう。毎年、「世界

＊３　川島正樹『アファーマティヴ・アクションの行方――過去と未来に向き合うアメリカ』、名古屋大学出版会、２０１４年、１頁。
＊４　辻村みよ子『ポジティヴ・アクション――「法による平等」の技法』、岩波新書、２０１１年．田村哲樹・金井篤子編『ポジティブ・アクションの可能性――男女共同参画社会の制度デザインのために』、ナカニシヤ出版、２００７年。

経済フォーラム」が発表しているジェンダー・ギャップ指数というものがあります。これは男女間での政治・経済・教育・健康の領域での格差を表すものですが、２０２１年の調査結果では日本は１５６カ国中１２０位で、世界のなかでかなり低い順位にいます。この指標の根拠にはさまざまな統計が使われますが、たとえば管理職従業者に占める男女の比率があります。日本の女性の管理職従業者比率は約15％に留まります。また、国会議員に占める女性の割合は９・９％に過ぎず、１４０位となっています。また、厚生労働省の調査によれば、平均賃金の男女比は正規雇用に限っても、男性を１００とすると女性は約74％ですし（２０１９年）、父子家庭と母子家庭の平均年収は父子世帯は４２０万円ですが、母子世帯では２４３万円です（２０１７年）。

ちなみに、アメリカの黒人と白人の格差については、白人男性の平均の週給を１００とした場合、黒人男性は74・５となっています（２０１０年）。女性は81・２％です。また25～29歳の学士号取得以上の割合は、黒人が約23％で白人は約40％です。[*5]

もちろん、格差や不平等があるというだけでは、その原因が差別なのかどうかは分かりません。ただ、これらの格差・不平等の原因を、男性と女性また白人と黒人との間にある能力の違いに求めるのは無理があります。たとえば、学力については女性の方が高い可能性が示唆されています。ＯＥＣＤの国際学習到達度調査（ＰＩＳＡ）による15歳の生徒の国際調査では、ほとんどの国や地域で女子の方が男子よりも総合成績が高く、男子が女子を上回るケースは非常に少ないという結果が毎年出されています。[*6] アメリカでは、黒人の貧困率は白人の約３倍で、18歳未満ではさらに差が大きいという統計があります。

男性と女性、白人と黒人の間にある著しい格差や不平等は、差別的な価値観や慣行、過去の差別の結果が歴史的に継承されて社会的地位が固定化した結果だと考えるのが合理的でしょう。これを是正するために、積極的に法律や政策を作ろうというわけです。

アファーマティブ・アクションをめぐる論争

しかし、アファーマティブ・アクションについては激しい論争が起こっています。まず、これをまさに差別を是正するための重要な施策として擁護する論者がいます。一見、それで何の問題もないように見えるかもしれません。しかし他方で、たとえば、白人男性のなかにはこの施策のために不利益を被る人もおり、それゆえに反対する論者もいます。27ページの図をもう一度思い出してみてください。何らかの特徴に基づいて人々を区別して、一方に不利益を与え

＊５　川島正樹『アファーマティヴ・アクションの行方――過去と未来に向き合うアメリカ』、８頁、１５５頁。
＊６　G. Stoet and D. C. Geary. "Sex differences in academic achievement are not related to political, economic, or social equality," *Intelligence*（48）, 2015, 147.

ることを広い意味で「差別」とするならば、アファーマティブ・アクションのために不合格にされる白人は、白人という特徴に基づいて差別されていることになるでしょう。しかし、黒人であるという理由で不合格になることと、アファーマティブ・アクションによって白人が不合格になることとは、まったく同じものだと言えるでしょうか。差別の哲学でも多くの論者は、これらがまったく同じだとは考えていません。しかし、もし違うとしたらどこがどう違うと言えるのでしょうか。

ここでは、差別を是正するための施策であるはずのものが、まさに差別的だ、「逆差別だ」として非難されるというねじれが生じています。一方が他方を差別する（あるいは差別に類似したふるまいをする）という方向で話が終わらず、お互いがあなたのほうが差別的だと争うという面があるわけです。そのため、アファーマティブ・アクションに関する考察は、差別とはどういうものかというこの章の問いにとって、そして差別の哲学にとって重要な課題となっています。

過去の差別への補償

ではまず、擁護派の論拠を見てみましょう。それによれば、アファーマティブ・アクションは、特徴に基づいて一方に利益ないし不利益を与えるとはいえ、他の典型的な差別とは区別されるべきであり、正当な施策として擁護される必要があります。

第一に、アファーマティブ・アクションは、過去の不当な差別の「補償」として擁護できるという考え方があります。その考え方によると、たとえば奴隷制度や人種隔離政策のような過去の不当な差別は、すでに終わった歴史的エピソードではなく、現在の社会や生活のあり方にも影響を与え続けています。現在、アメリカ合衆国ではヨーロッパ系白人とアフリカ系アメリカ人のあいだで著しい進学率の格差があります。この現状は、親の収入と親の教育水準の差を反映しています。２０１５年の時点で、白人家庭の貯金と資産は平均で、黒人・ヒスパニック系家庭の約10倍であると言われています。[*7] よく言われるように、格差は継承されるのであり、過去の不当な差別は集団間にさまざまな不平等を後々まで生じさせるのです。ですから、アメリカ合衆国におけるヨーロッパ系白人が現在有利な立場にいることは、こうした差別の歴史によって可能になった利益を享受しているということだと考えられます。このような利益の不平等が過去の差別に起因する以上、現在有利な立場にある人々が不利な立場にある人々に対して行なう「補償」としてアファーマティブ・アクションは擁護される、というわけです。

しかし、補償としてのアファーマティブ・アクションには批判もあります。アファーマティ

＊7　キャシー・オニール『あなたを支配し、社会を破壊する、AI・ビッグデータの罠』（久保尚子訳）、インターシフト、２０１８年、２２４頁。

ブ・アクションは、多くの場合、不利益を受ける人を生じさせます。それは現在有利な立場にある集団の人々です。たしかに、この人自身が、過去に不当な差別をして現在利益を受けていたとすれば、この不利益は過去の差別に責任を取るための負担として正当化できるでしょう。しかし、世代が代わっている場合、不利益を受ける人は、過去に不当な差別をした当人ではないことがほとんどです。とすれば、たまたま有利なマジョリティとして生まれた人が、過去の不正の結果を是正するために責任を取らされるのはおかしいのではないか、という批判です。この批判は、アファーマティブ・アクションを不当な「逆差別」だとする批判の根拠にもなっています。

未来の多様性

第二に、アファーマティブ・アクションは、現状の不平等を是正し、合理的で公平な未来の社会、また豊かな多様性をもった未来の社会を実現する手段として擁護できるという考え方があります。たとえば、せっかく高い能力をもっていても、人種や性別などのせいで、その能力を発揮できないような社会は不公平であるだけでなく非効率だと考えられます。アファーマティブ・アクションによって、これまで公平な機会を奪われてきた集団の人々に、その能力を発揮する機会を作り出せば、より合理的で公平な社会に近づくように思われます。あるいは、特定の特徴に基づいた人々ばかりが集まっているよりもさまざまな多様性に開かれた環境であるほうが、たとえば、学問の世界としての大学、とりわけ人文学や社会科学の領域では明らかによいと思われます。なぜなら、そのほうが特定の観点に縛られることなく、偏見に気がつきやすくなるからであり、なにより、思い込みや偏見は学問の敵だからです。こうした論点は、未来の目的を達成するために、アファーマティブ・アクションは許容されるという議論になります。

けれども、この擁護論にも反論はあります。一つ目には、これまで機会を奪われてきた人々がその能力を発揮するための手段として、アファーマティブ・アクション以外のものを考えることはできるし、アファーマティブ・アクションが最良のものだと言えるわけではない、という考えがあります。たとえば、大学入学や雇用の場面でアファーマティブ・アクションを取り入れるよりも、高校以前の段階できちんと公平な競争ができる環境を作りだせばよい、という意見があります。

二つ目に、未来の社会がこうあるべきだというのは一種の理想であって、そうした理想を目的とすれば、仮に問題があったとしてもその手段は正当化される、という発想は危険だという反論があります。戦争を終わらせるという目的のために、原爆を投下して夥しい数の人々を殺すことが手段として正当化されるでしょうか。もし、おかしいと感じるとすれば、それは、目的がよければどんな手段でも正当化できる、という発想に疑問を感じているからかもしれません。アファーマティブ・アクションの場合も、逆差別などの問題を含んでいる以上、多様性といった価値がどんなに重要であったとしても、これを目的とすれば、アファーマティブ・アクション自体の問題を素通りしてよい、ということにはならないだろう、ということです。

逆差別の論理（バッキの反論）

ここでこうした議論をもっと具体的に知るために、アファーマティブ・アクション反対派の主張を有名にした事件を見てみましょう。それは、１９７８年に判決が出されたカリフォルニア大学理事会対バッキ事件です。この事件の概要は次のようなものです。

カリフォルニア大学デイビス校医学部は、黒人に対するアファーマティブ・アクションを行なっていた。入学者数の枠１００のうち16の枠をマイノリティ（黒人）向けに保持した。１９７３年と74年に白人男性のアラン・バッキは、特別プログラムによって認められたほとんどの学生よりも成績がよかったが入学を拒否された。バッキはこれを不当な逆差別だとして訴えた。

いかがでしょうか。バッキもどこかかわいそうだと思うのではないでしょうか。バッキが不利益を受けているのは事実ですし、その不利益が試験の点数ではなく人種という特徴に基づいていることも事実です。それゆえこの事例は27ページの図からも明らかに差別に該当します。この裁判は、最終的にアメリカの連邦最高裁判所――日本の最高裁判所に該当する――まで争われました。では、アメリカの連邦最高裁判所はどのような判決を出したのでしょうか。

連邦最高裁の判事の4名は、この方針は憲法修正第14条（平等保護条項）と公民権法第六編（Title VI）の侵害として大学に入学を命じる見解を出した。他の4名は、このプログラムはこれらの法に違反していないと結論した。最終判断の権限をもつパウエル判事は、この方針は憲法違反であるとし、バッキの入学を命じた。ただし、入学決定の際に「あからさまな人種分類」でなければ、人種に基づく優遇政策を用いることは多様性という観点から妥当とした。

このように、判決ではバッキの入学許可を求める訴えは認められました。この点では、アファーマティブ・アクションはやはり逆差別であり許されない、と判断しているように見えます。しかし、この判決は（この場合、人種に基づく）アファーマティブ・アクションを全面的に否定してはいません。判決は「あからさまな」仕方で人種を用いることは差別だとしつつ、人種を入学審査の際に用いること自体は、学生の多様性のために許容されるとしました。

この裁判で、カリフォルニア大学デイビス校は特別プログラムに対する理由を四つ提供しました。

（1）「医学校と医療専門職において伝統的に不利に扱われてきた歴史的な不足」を減らすため。
（2）「社会的差別の結果」に対抗するため。
（3）「現在不当に扱われているコミュニティで医療を行なう医者の数」を増やすため。
（4）「学生全体の民族的な多様性からくる教育的利益」を得るため。

判決では、このうち（3）と（4）について、学生集団の多様性に対する大学の利害関心は、大学の自由の保護によって正当化されうると認められました。この点は、先のアファーマティブ・アクション擁護派の未来向きの論拠に重なる点です。未来の目的を達成するために、アファーマティブ・アクションは許容されるという議論です。この未来の目的は広く言って、社会全体にとっての良さを達成するという目的と、大学という組織にとっての目的があります。社会全体での良さには、たとえば、実質的機会の平等を達成することが含まれます。また、大学という組織にとっての目的としては、多様性の拡大が教育にとって有意義であるという根拠が挙げられます。ただ、バッキ裁判では、人種的・民族的な分類図式を用いることは、学校の多様性に対する利害をもたらすという目的に照らして「適切に仕立てられて」いなかったとされました。

哲学におけるアファーマティブ・アクションをめぐる議論はこの裁判の影響を受けていま

す。この判決とまったく同じ理由に基づいているわけではありませんが、差別の哲学でも、アファーマティブ・アクションによるマイノリティの優遇について、どんなものであれすべて不当な人種差別と同じだと言う人はほとんどいません。

先のデイビス校が挙げた理由（１）や（２）は過去向きの議論に関わります。ただ、先にみたように、過去の差別の補償という議論には、批判が出されています。それは、過去の差別の被害者と、アファーマティブ・アクションで優遇される個々人が必ずしも一致しないこと、また冷遇される人が差別の加害者であるとも限らないという点です。アファーマティブ・アクションは「集団」を対象にするので、加害被害の当事者ではない人びとが、過去の差別の補償の義務を負い、また補償を受ける権利をもつことになってしまうのです。

アファーマティブ・アクションについては、過去向きの議論についても、未来向きの議論についてもいまだに決着がついていません。どちらの議論に対しても反論が提出されています。そもそもバッキ裁判自体が肯定と反対の両方の面を含むものでした。しかし、いずれにせよ、言えることはあります。それは、形式的にはどうみても差別だと言える行為や方針であっても、それが行なわれる状況に応じて、その評価は変わりうるということです。この状況というのは、他のさまざまな関連する行為があるかどうかという文脈のことを指します。

女性専用車両はどうなのか

では、ここで日本の状況についてみてみましょう。アファーマティブ・アクションについてはそれほど白熱した議論は起こっていないように見えます。そのなかで目立つのは、近年、女性専用車両を「逆差別」だとする論調です。たとえば、通勤時に女性専用車両のほうが空いているのは男性に不利益を与えているとか、同じ運賃を払っているのに乗れる車両が限定されるのは不当な機会の制約だといった批判です。アファーマティブ・アクションを制度的な優先枠という方法に限定するならば、女性専用車両は厳密にはアファーマティブ・アクションではありません。それはむしろ、女性の性暴力被害を防ぐための対策です。けれども、女性専用車両への批判は、アファーマティブ・アクションに対する批判と似ているところがあります。つまり、これは女性を有利にして男性を不利にする、あるいは不当に扱う「逆差別」だ、というわけです。

機会の制約があるという点については、事実そのとおりと言うほかないでしょう。しかし、このことが、女性専用車両は男性差別だという根拠になり得るかどうかを考えましょう。

まず、なぜ女性専用車両が設置されているのでしょうか。それは、電車内で女性が日々性暴力の危険にさらされている、という現実があり、それゆえ、安全に電車で移動する機会が奪われており、その機会の不平等を是正するためです。まず、この現実、つまり性暴力の被害や女性の不安をどれくらい認識しているかが、女性専用車両をめぐる見解の方向性を決めると言ってもでも過言ではないでしょう。その認識を得るには、日本社会が、電車内での痴漢という性暴力を煽り、容認し、さらには面白がりさえしてきた歴史を知ることが先決でしょう。牧野雅子は『痴漢とはなにか』のなかで次のような歴史を追跡しています。

メディアは、痴漢をカジュアルな性行為のようにみなして男性たちにすすめ、声を上げられない女性は受け入れているのだと思い、届け出ないのは痴漢を喜んでいるからだと解釈し、女性たちの被害経験を性的な読み物とみなし、犯罪であると周知されても、どこまでなら許されるのかをじりじりと試し、告発の声を外見の美醜を判定する声で黙らせ、女性が自衛をすべき問題だといい、その上、痴漢だという女性のひと声で男性の一生が終わってしまうかのような情報を世に提供してきた。[*8]

＊８　牧野雅子『痴漢とはなにか――被害と冤罪をめぐる社会学』、エトセトラブックス、２０１９年、１５５頁。なお、電車内の「痴漢冤罪詐欺」について、被害者の多くが女性で、加害者がほとんど男性であるという点も重要です。『『犯罪白書　平成一八年版』によれば、二〇〇五年の電車内等での痴漢示談金名目の詐欺事件は、一五一二件あったという。その被害額も高額で、新聞では九〇〇万円を騙し取られたケースも報道されている。被害者の多くは女性で、高齢者に多く、加害者のほとんどは男性である。いわゆるオレオレ詐欺（恐喝）のことである」（牧野雅子『痴漢とはなにか』、１７２‐３頁）。

機会の制約という点について考えると、男性中心的な社会全体によって女性が痴漢被害に脅かされている現状では、何も対策をしない状態では安全に電車に乗る機会が女性にだけ制約されていると言えます。これを是正する策として女性専用車両は、むしろ、電車に乗る機会を平等にするものだと考えることができます。逆差別論では、男性が一つの車両に乗れないという機会の制約が問題になりますが、日々安全を脅かされて通学・通勤しなければならないとか、実際に被害に遭って通学・通勤を諦めたりするという被害が問題になるわけではありません。男性の機会の制約が事実としてあったとしても、女性の場合の機会の制約はそれとは比較できないほど大きなものであり、機会平等のために女性専用車両を設置することは妥当だと言えるのではないでしょうか。

先の引用文からもわかるとおり、電車内での性暴力の問題は、単に電車に乗るという行動の不便さに限定できるようなものではありません。重要なのは、痴漢をやりやすくしたり誘発したりする環境、また痴漢加害の前提になる考え方や見方が広く共有されているという事実です。環境というのはたとえば、女性を性的な消費対象として掲示するような中吊り広告などですが、女性の身体を男性の鑑賞の対象として眼差すような写真や図像などは電車の中にも、それぞれが覗いているスマートフォンの中にもあふれています。[*9] これらは、痴漢加害を誘発し、被害を軽視する条件を作り出していると言えるでしょう。

このように考えると、単に一つの場面だけを切り離して考えるのではなく、歴史的・社会的な背景がやはり重要だということになるでしょう。アファーマティブ・アクションや女性専用車両を「逆差別」だとする批判とともに考えてきましたが、両者はこうした批判にみられるようにしばしば類似のものと思われています。しかし、アファーマティブ・アクションでは「過去への補償」や「未来の多様性」が論拠として使われるのに対し、女性専用車両の場合には現在の機会平等が論拠になるということからも、この二つが別種の措置だということはわかります。以上の考察から、何か差別的なことをすることと、それの歴史的・社会的文脈という２層構造が、何をもって差別と言うのか、という点のポイントをなしていると言えるでしょう。

＊９　小宮友根は次のように指摘しています。「この社会は、性暴力表現がポルノグラフィとして楽しまれ、大きな市場を形成し、表現の一ジャンルとして認められている社会でもある」（小宮友根『実践の中のジェンダー――法システムの社会学的記述』、新曜社、２０１１年、２７３頁）。

ヘイトスピーチはどういう意味で差別か

ヘイトスピーチとは何か――一般的説明

朝鮮人を叩き出せ。
朝鮮人は保健所で処分してもらいましょう！[*10]
みなさんが憎くて憎くてたまらないです。もう、殺してあげたい。いつまでも調子にのっとったら、南京大虐殺じゃなくて、鶴橋大虐殺を実行しますよ！（２０１３年に大阪鶴橋で拡声器で発せられたヘイトスピーチ）

みなさんは、「ヘイトスピーチ」という言葉をしばしば聞いているでしょう。ここに挙げたのは、京都と大阪でなされた在日朝鮮人に対するヘイトスピーチの実例です。ヘイトスピーチは差別を正当化して扇動する言動のことですが、あまりにも露骨な差別行為に思える一方で、他方では、たとえば就職差別や入居差別などのように物理的・経済的な不利益や機会や権利の制限を直接的には伴わないため、「単なる表現」または保護されるべき「政治的主張」として扱うべきだという見解もあります。

歴史的に見ると、ヘイトスピーチが悪質な差別であることは広く認められています。エリック・ブライシュの『ヘイトスピーチ』によれば、１９６０年にはドイツでは憎悪の扇動や「特定の人々」の秩序を乱すようなやり方で侮辱したりすることを違法とすることが、全会一致で可決されています。また、70年代初めには、人種的・宗教的な集団を攻撃する出版物を禁止するという規定が追加されています。イギリスでは、１９６５年に「皮膚の色、人種、エスニックな出自ないし出身国を理由として、イギリス市民の一部に対して憎悪を引き起こすような脅迫的・中傷的・侮辱的発言を意図的に行うことが違法」になっています。フランスでも、１９７２年にヘイトスピーチを規制する法律を制定しています。60年代以降、ベルギー、デンマーク、イタリア、スウェーデンでも人種差別の扇動などを犯罪とする法律が作られており、実刑判決も出されています。[*11]

アメリカ合衆国の場合には事情が少々異なります。合衆国には、差別禁止法が存在し、差別を理由とした犯罪は罰が加重されるヘイトクライム法がありますが、ヘイトスピーチは規制さ

＊10　朴貞任「京都朝鮮学校襲撃事件──心に傷、差別の罪、その回復の歩み」、『別冊法学セミナー──ヘイトスピーチとは何か』、日本評論社、２０１９年、32頁。
＊11　エリック・ブライシュ『ヘイトスピーチ──表現の自由はどこまで認められるか』（明戸隆浩・池田和宏・河村賢・小宮友根・鶴見太郎・山本武秀訳）明石書店、２０１４年。

れていません。その背景には、ヘイトスピーチの規制をめぐる議論が、「表現の自由」という憲法上の原理と衝突するという法的問題として展開されてきた事情があります。[*12]

日本の状況はさらに特殊なものです。1995年に人種差別撤廃条約に加入したにもかかわらず、法律を作って対応する必要があるような人種差別は国内には存在しないと国連で主張し続け、対策を講じてきませんでした。それゆえ、合衆国のヘイトクライム法に相当するような法律はありません。他方、2010年以降にヘイトスピーチが社会問題になった結果、2016年になって「本邦外出身者に対する不当な差別的言動の解消に向けた取組の推進に関する法律（通称「ヘイトスピーチ解消法」）」を成立させました（公共の場所での不特定多数の人々に向けた集団でのヘイトスピーチ自体は2000年頃から行なわれていました）。法律ができたことは歓迎されていますが、この法律には禁止規定や罰則規定が含まれていません。この点で、ヨーロッパ諸国においてヘイトスピーチを規制している法律とは異なっています。

ヘイトスピーチが罰則の対象にならない、ならなくてよいという思想があります。その思想が生じる理由の一つには、権利や機会を直接的に制約するという行為ではなく、また、暴力のように物理的な危害を及ぼす行為でもない、ということがあるようです。つまり単なる言論または表現行為だということです。ヘイトスピーチは「ただの言葉」の問題だと考えられ、ヘイトスピーチを禁じるべきだという意見には「言葉狩り」だという反応もあります。

しかし、哲学においては、「スピーチ」というものはそれ自体一つの行為である、という見方があります。「言語行為論（スピーチアクトセオリー）」では、何かを言うことで私たちは何かを行なっているという見方が注目されます。たとえば、お金を借りたときに、「１週間後にお金を返すことを約束するよ」と言うならば、ただ言葉が言われたのではなく、「約束する」という行為をしたのであり、実際、１週間後にお金を返すという行為に拘束されることになります。もしお金を返さないなら、相手は私を責めることができるなど、その後の行為につながっていきます。このように、言葉を使って「約束する」という行為は、言葉のやり取りに過ぎないと言っても、非難することを正当化するなど、道徳的に重要な側面をもっています。何かを言うことで何かを行なうことの道徳的次元をもっとストレートに表しているのは、嘘をつくことでしょう。借金も期日どおりに返さない場合には、家まで取り立てに来られたり利子を請求されたり、法的な措置にまでつながります。また、誇大広告、名誉毀損、経歴詐称などが禁止され、処罰されることもあるように、単なる言葉だからと言って、道徳的問題や法的責任を免れられるわけではないのです。

＊12　ヘイトスピーチを法的に規制することが、「表現の自由」をうたった合衆国憲法修正第一条に違反するか否かが議論の焦点であり続けてきました。これについては、以下の文献が詳細に論じています。マリ・マツダ、チャールズ・R・ローレンス三世、リチャード・デルガド、キンバリー・W・クレンショウ『傷つける言葉』（西亮太監訳）、明石書店、近刊。

言語行為としてヘイトスピーチを考える

このようにスピーチを行為として見てみるなら、なんでも言ってよいという風に私たちが捉えているわけでないことは明らかでしょう。行為一般で言えば、たしかに私たちはそれぞれの人にはその人がしたいように行為する自由を原則的には認めています。しかし、何をやってもよいと考えるわけではないでしょう。たとえば、何をしても自由だが、他人に危害を与えない限りで、といった条件のもとではじめて、人は自由なのだ、という考えは一般的です。それに、同じ行為でもどういうつもりでそれをやったのかといった動機が問われることもあります。それを言うことで他人にどういう影響があるのかとか、どういうつもりでそれを言ったのかといった事柄はやはり同じように重要でしょう。

ヘイトスピーチはどういう行為なのでしょうか。日本では当初、「憎悪表現」という翻訳が出回りました。しかし国連の規定では、ヘイトスピーチはそれ自体が差別発言であるだけでなく、差別を扇動する発言だとされています。[*13] その後、日本の「ヘイトスピーチ解消法」ができた際にも、その第二条で、ヘイトスピーチは、差別的意識の助長または誘発という目的をもち、公然と、外国人や国外出身者またはその子孫をターゲットとして危害を与えることを告知する表現であり、排除を扇動する言動とされました。[*14]

差別扇動としてヘイトスピーチを考えるとき、言語行為としての側面に加えて、もう一つ重要なポイントがあります。そもそも扇動は、その対象となる行動が起こりやすい状況を前提としているということです。たとえば、暴動が起こりうるまたは起こりやすい状況でなければ、暴動を扇動することはできません。夕方に帰宅を急ぐ多くの人がそれぞれの方向にバラバラに歩いている駅前で、突然暴動を扇動することはできません。人々を何かの行為に向けて扇動するためには、扇動される人々に一体感のようなものがあり、怒りや場合によっては恐怖などの感情を共有していて、暴動を扇動する発言に影響を受ける態勢がなければなりません。差別の扇動の場合にも「状況」が非常に重要な要素になります。暴動が起こりうる状況でしか暴動を扇動することができないのと同じく、差別が起こりやすい状況でなければ差別を扇動することはできません。

先に挙げたヘイトスピーチの実例で考えてみましょう。

＊13　「ヘイト・スピーチとは、広義では、人種、民族、国籍、性などの属性を有するマイノリティの集団もしくは個人に対し、その属性を理由とする差別的表現であり、その中核にある本質的な部分は、マイノリティに対する〈差別、敵意又は暴力の煽動〉（自由権規約二〇条）、〈差別のあらゆる煽動〉（人種差別撤廃条約四条本文）であり、表現による暴力、攻撃、迫害である。」師岡康子『ヘイト・スピーチとは何か』、岩波書店、2013年、48頁。

＊14　金尚均『差別表現の法的規制――排除社会へのプレリュードとしてのヘイト・スピーチ』、法律文化社、2017年、233頁。

朝鮮人を叩き出せ。
朝鮮人は保健所で処分してもらいましょう！
みなさんが憎くて憎くてたまらないです。もう、殺してあげたい。いつまでも調子にのっとったら、南京大虐殺じゃなくて、鶴橋大虐殺を実行しますよ！

これらはすでに在日朝鮮人の人々に対する差別が存在し、また過去にはそれが暴力や虐殺にまで至った歴史がある状況で初めて意味をもちます。「鶴橋大虐殺」という語については、何のことだろうと思う人もいるかもしれません。鶴橋というのは、大阪市の生野区にある多くの在日朝鮮人が居住する地域のことで、これは鶴橋駅の駅前で２０１３年に行なわれたヘイトスピーチです。

他方、既存の差別がないような「差別の扇動」というものは可能でしょうか。たとえば、誰かが駅前で「東京人を殲滅せよ」とか「東京人を叩き出せ」と拡声器を使って叫んでいたとしましょう。これは、東京に住む人々への差別を扇動していると言えるでしょうか。もちろん、こんな発言を聞けば誰でも不快に感じるでしょうし、止めてほしいと思うでしょう。しかし、これは東京人差別の扇動というよりも、悪趣味な人間の不快でばかげた独り言のようなものとして、嫌悪や嘲笑の対象にはなるとしても、東京に住んでいる人でも、自分に対する差別を予期する人はいないと思います。「東京」を「京都」に変えても同じです。もちろん、ある社会のなかで絶大な権力や発言力をもつ人が、何らかの発言を繰り返すことによって、これまで存在しなかったところに、新たに特定の人々への差別を生じさせることができる場合もあるかもしれません。しかし、現実のヘイトスピーチはすべて、既存の差別を前提にして、その力を借りて差別を扇動しています。

さらに、ヘイトスピーチは上記の例のような命令形を取るとは限りません。平叙文でも差別の正当化と扇動は可能です。たとえば、「韓国人は劣っており、卑怯な奴らだ」という発言は、命令形を取っているわけではありませんが、既存の差別を――その背景の一つとなっている価値観を――正当化しています。

差別の扇動は、同じ人々を対象とした過去のさまざまな差別を前提にしますが、単に前提にするだけでなく、過去の多くの差別行為を積極的に是認し、正当化しています。過去の差別を批判しながら、新たに同じ被差別者に対する差別を扇動することは矛盾していますし、実際にそのような言動はありません。

以上から、仮に短い表現だったとしてもヘイトスピーチが実際に意味している内容は、次のようになるでしょう。「〇〇人が、かつて入店拒否や雇用差別、教育差別等を含めてさまざまな不利益・劣等処遇、侮辱や貶め、さらにはリンチその他を受けたことは当然だったし、今後、〇〇人には同じ扱いをして当然だ」、と言っているわけです。その集団に属す個人は、その集団が歴史的に受けてきた差別（や暴力）について、すべてそれを受けて然るべき存在だと見なされているからです。

このような信念は個人的な侮辱とは違って、関連する事実についても、関連する人々の広がりについても、さまざまな仕方で複雑化します。この点はヘイトスピーチが単に既存の差別を助長するだけには止まらず、未来に向けて強化したりする、それ自体差別を作り出す行為であることを物語っています。

差別語の問題

ヘイトスピーチに関連して、しばしばヘイトスピーチのなかで用いられる言葉として、差別語というものがあります。近年、差別語については哲学的な分析論が活発に展開されていますので、それに目を向けてみましょう。

差別語とは、「SはPである」という主語述語をもつ文ではなく、単語だけで特定の人々を指し示し、かつその人々を貶める意味をもつような言葉です。たとえば、男性同性愛者に対する「ホモ」という呼び名は、日本では貶める意味を伴います。英語では、黒人に対する「ニガー」という語は、黒人の人々を貶める意味と力をもちます。日本では「チョンコ」という言葉がヘイトスピーチのなかで頻繁に使われました。これは朝鮮人を貶める意味をもっています。また中国人に対する「シナ人」という語も侮蔑的な意味を伴います。

では、これらの言葉はなぜ、人々を貶める力をもつのでしょうか。どこからその力を得ているのでしょうか。これらの言葉は、聞き手に対して、これらの言葉が対象とする人への差別的慣習と、それを支える信念が広く存在していることを、有無を言わさずに押しつける力をもつという分析があります。差別語は単に一般的に使われる侮蔑的な言葉（「バカ」など）ではなく、その背景となる状況から力を得ているということは、かねてから指摘されてきました。たとえば、池田浩士は差別語について次のように述べています。

差別語を投げつけられる人間は、さしあたり自力でその差別に反撃する力をもたない状況におしこめられている（中略）もしも被差別者が充分な反撃力をもっているとしたら、差別語はそもそもすでに差別語ではないだろう。[*15]

そして、「差別が社会的に浸透していることを前提としてのみ、この表現は直接の相手にたいする打撃となりうる」[*16]と指摘しています。

＊15　池田浩士「差別と言語表現」、菅孝行編『いまなぜ差別を問うのか』（シリーズ 差別構造を読む1）、明石書店、1985年、176頁。
＊16　池田浩士「差別と言語表現」、181頁。

「差別が社会的に浸透していることを前提としてのみ」、差別語が強く相手を貶め、相手が反論できないほどの強い攻撃力をもつとはどういうことでしょうか。そのメカニズムについて、和泉悠らは「敬語」と類比して次のように分析しています。[*17]

たとえば、「田中が来た」という発言と「田中さんがいらっしゃった」という発言を比較してみましょう。「田中が来た」という発言については、実際に田中という人が来たのかどうかを確かめればその正しさは分かりますし、もしまだ来ていないなら「いや、まだ田中は来ていないよ」と否定することができます。それに対して「田中さんがいらっしゃった」のなかの敬語で表されている部分については、「いや、田中はまだ来ていないよ」というだけでは否定できません。敬語が表しているのは、「田中」という人はこの発言者よりも目上の人だ、ということです。聞き手にとって、このこと自体は簡単には否定できず、「田中さんはまだ来ていないよ」と言ったとしてもそのまま残されて、既成事実として受け入れさせられてしまいます。

和泉らによれば、差別語も同じような機能をもっています。誰かに対して、「あいつはホモだからな」という発言があったとしましょう。この発言に対して、その人のことをよく知る人が「いや、あの人はホモじゃないよ」と否定したとします。しかし、その人がホモでないという事実を否定することによって、「ホモ」という語が同性愛者に対する差別的な見方を示していることを否定できるわけではありません。むしろ、「いや、あいつはホモじゃないって」と強調するなら、「ホモ」と呼ばれる人たちを蔑視する態度はより浮き彫りになるようにさえ思われます。もちろん、「〈ホモ〉と呼ばれてよい人など存在しない」とか「〈ホモ〉は差別語だから使うべきでない」というように、この呼び方自体を否定することはできますが、差別語を批判に付すことは、ある人が男性同性愛者であることを否定するのとはまったく違う行為なのです。

差別語には、さまざまな差別的な信念と差別の実態がその一言で表現され、しかもその実態を既成事実として受け入れさせる働きがあるというわけです。ここでも、ヘイトスピーチと同じく、すでに広く慣例的に信じられていて実践されている差別が背景にあることが重要になると言えるでしょう。

「手先が器用」を考える

ヘイトスピーチや差別語などの差別表現について考えてきました。最後に、差別と言葉の関係という観点から、もう一つの興味深い例を考えてみましょう。それはたとえば、「女性らしくきれいに整頓されている」といった発言や、特に女性に対して「細やかに気配りができ

＊17　和泉悠・朱喜哲・仲宗根勝仁「ヘイトスピーチ――信頼の壊し方」『信頼を考える　リヴァイアサンから人工知能まで』勁草書房、2018年。

る」と評するような発言（文）です。これらの発言は、一見、女性を褒めているように見えます。「きれいに整頓されている」というだけならば、褒めているというだけで済むかもしれませんが、「女性らしく」という一言が入っている部分が問題になります。

このような発言については女性差別的であるという批判があります。しかし、それに対して、なぜ相手を褒めるような言動でさえ性差別的だと批判するのかとか、「細かいことを気にしすぎではないか」といった反発や反応もあります。たしかにこれらの発言そのものを悪質な差別であるということは難しいかもしれません。しかし、だからといって、差別的であるという批判に意味がないということにはなりません。

これに関して、加藤秀一は次のように指摘しています。「細やかな気配りができる」「手先が器用」といった女性像について、それはたしかに、女性をある意味では「持ち上げ」て「褒めている」と言えます。しかし、この種のプラスの評価も「手放しで肯定できるわけでは」ありません。というのも、こうしたイメージの裏には、女性をある種の職種に限定したり、あるいはその昇進を困難にするような状況が存在するからです。つまり、「ある面で持ち上げることが、全体としての差別の構造をむしろ維持するために機能することは少なくない」のです。[*18]

おそらく読者のみなさんもおわかりと思いますが、差別を維持するのは、上記のような発言が暗黙のうちに前提にしている、女性は家庭で家事や育児をするのに向いているとか、女性が（主に）男性に対して気配りをするのが自然であるといった価値観や役割意識です。

女性を褒めるような表現は、個々の発言だけを切り離して考えると、何が問題なのかがわかりにくいかもしれません。しかしその背後に、この社会で女性が位置付けられている立場や地位、そしてそれを支持し正当化しているさまざまな言葉があることを知ると、何が問題かを理解することができます。女性を褒めるような表現についても、その種の言動によって、どのような処遇が正当化されてきたか、または正当化されうるかという仕方で、歴史的社会的な文脈の中で考察する必要があります。

差別論でヘイトスピーチはどう扱われるのか

ではあらためて、ヘイトスピーチについて、27ページの図からはどう言えるでしょうか。ヘイトスピーチは特定の特徴をもつ人々を、それを理由に攻撃し貶める言動ですので、「特徴に基づいた区別」をしていると言えるでしょう。

では、「不利益を与える」という点についてはどうでしょうか。この「不利益」は特に法律的な規制を考える上では一つの論点になっています。ヘイトスピーチがその被害者に対して多大な心理的・精神的苦痛を与えることは、多くの調査報告でも明らかにされています。その意

＊18　加藤秀一『知らないと恥ずかしいジェンダー入門』、朝日新聞出版、２００６年、１１４-15頁。

味で明確に不利益を与えているると言えるでしょう。しかし、就職や進学の場面で拒否するとか、特定の建物への入場を妨げるといった形の機会の制約を行なうわけではありませんし、経済的不利益などの物質的な不利益を直接与えるわけでもありません。

この点が、「単なる言葉」という見方の根拠にもなっています。一見して明らかに酷い言動であり、差別発言であることは明白なので、ヨーロッパでは多くの国で法的に禁止されていいます。しかし他方で、アメリカのように、「言論の自由」を侵害してしまうという懸念から、法的には規制すべきでなく、むしろ保護されるべき言論として位置づけるところもあります。ただし、アメリカでも長い間議論が続けられています。たとえば暴力を誘発するような、個人に対する対面での喧嘩言葉は法的な規制の対象になりますし、職場や学校の環境を著しく悪化させるような差別的言動はハラスメントとして処分の対象になります。

では、ヘイトスピーチは他の差別と同じ程度に悪いと言えるのでしょうか。それとも、それは単なる言葉・表現であり、雇用や入学の場面での差別とは異なるのでしょうか。同じと言えるかもしれませんし、異なると言えるかもしれません。この問いに対する答えは、差別を何が悪くしているのか、という、次章で扱う考察によって変わってきます。

中間考察──拾いすぎることと拾えないこと

これまでアファーマティブ・アクションとヘイトスピーチを例に、差別のように見えても差別とは言えない場合や、差別でないように見えても差別だと言える場合について考えてきました。このように、単なる区別ではなく「差別」だとはっきり言えるものを区分けしていく作業は哲学的分析の一つの典型です。ここで、この作業のもつ意味について少し確認しておきたいと思います。

最後に出てきた、「もちあげて褒める」言動は一見したところ差別には見えませんが、分析してみると差別的であることが分かります。哲学的分析が自らに課すタスクとして、こうした一見したところ差別には見えない事例をきちんと差別として「拾い上げる」という点がありま す。つまり、よく考えてみれば差別であるのに、一見した印象から差別でないと即断することをやめ、その言動の意味や成立条件を問うているのです。それによって事柄がこれまでとは別様に見えてくる、これが哲学的分析の一つのメリットだと言えるでしょう。

名前の頭文字で区別することは差別ではないとか、あるいはアファーマティブ・アクションはそれが反対している意味での差別とは同じ意味での差別ではないとか、そういう議論もしてきました。こうしたことを確認していくことの意味は、大量の区別を差別として（誤って）「拾いすぎない」ということです。よく考えれば差別とは言えないものを、かたちだけの類似性から差別だと即断してしまうと、なんでもかんでも差別だという結果になり、「差別」という概念が空洞化したり、本当に悪質で反対すべき差別がどれであるかわからなくなってしまったりします。のみならず、本来差別ではないものを差別として扱ってしまうと、そうした差別でない行為への適切な対処も見失われかねません。問題の差別を差別として明確にし、瑣末なものとして見逃さないようにすること。これが哲学的分析の目標の一つです。

「拾い上げる」と「拾いすぎない」という作業は、少し専門的に言い直すと、「過少包摂」と「過剰包摂」という概念に関連しています。ある概念が問題であるとき、本来その概念では理解されないはずのものを拾いすぎる（含めすぎる）ことを「過剰包摂」と言います。逆に、その概念で理解されるはずのものを拾っていない（含めていない）ことを「過少包摂」と言います。「〜は差別だろうか？」という問いに取り組むとき、こうした過剰包摂と過少包摂に陥っていないかは、その取り組みが適切になされているかどうかを判断する一つの基準になります。

この後、ハラスメントといじめについてもそれが差別なのかという点から考察していきます。その際、「拾いすぎることと拾いすぎないこと」というこの点を意識してもらえると、目下の考察の意味がよりはっきりすると思います。

ハラスメントは差別か

女性から男性へのセクシュアル・ハラスメントは男性差別か

次に、これは差別と言えるのかという点で議論になる例としてハラスメントについて考えましょう。ハラスメントは差別だと思われることもありますが、そうではないように思われることもあります。また、その判断に困ることもあります。

まず、男性から女性へのセクシュアル・ハラスメントを取り上げましょう。たとえば、男性の上司が昇進人事への推薦を盾に、女性の部下に性的な関係をもちかける、といった場合があります。これは典型的なセクシュアル・ハラスメントです。「男女雇用機会均等法」にも、「職場において行われる性的な言動に対するその雇用する労働者の対応により当該労働者がその労働条件につき不利益を受け、又は当該性的な言動により当該労働者の就業環境が害されること」（「男女雇用機会均等法」第11条）とあります。

セクシュアル・ハラスメントなのだから、この場合は当然、性差別の一種だと思えるでしょう。ところが、以下のような場合では、ハラスメント「でありかつ」差別だと言えるのかどうかについて、議論があります。

もし、女性の上司が男性の部下に同じことをしたとき、それは同じようにセクシュアル・ハラスメントとして認められるでしょう。しかし、同時に、男性差別だということにもなるでしょうか。きっと迷う人もいるでしょう。では、なぜ、男性の上司が女性の部下にしたときには女性差別だと感じられ、女性の上司が男性の部下にしたときには男性差別だとは感じられにくいのでしょうか。

どちらのケースも、性的な働きかけにおいて上司から部下へという上下関係が利用されており、ともにハラスメントと呼ぶに値します。他方で、男性から女性への性的な働きかけのほうが女性から男性への性的な働きかけよりも、ひんぱんに起こるし、無造作になされる、という事情があります。こうした事情が、同じセクシュアル・ハラスメントでも男性から女性になされる場合には、セクシュアル・ハラスメント「でありかつ」性差別だと思えることに、関連しているように思われます。すなわち、この場合には、上司と部下という社内の上下関係だけでなく、男性のほうが女性よりも優位にあるという性差別的な考え方や、女性が男性によって性的な対象として扱われやすい社会の現実が背景にあるからではないでしょうか。

性差別としてのジェンダー・ハラスメント

ところで、性別に関わるハラスメントは、性的な関係を含むもののことだけではありません。

たとえば、女性社員には、お茶汲みやコピー取りのような雑務ばかりを頼んで、会社の意思決定に関わるような仕事は任せないし会議での発言も求めないというのは、ジェンダー・ハラスメントの一例と言えます。ジェンダー・ハラスメントは、「性的でないが、性別に関係する不快な言動」などとされています。[*19]この点で、セクシュアル・ハラスメントからは区別されています。

もっとも、このような雑務は以前よりは減ってきたかもしれません。まず、こうした扱いがハラスメントとして認められてきたということがあるでしょう。あるいは単純に、お茶は給湯器で入れるようになり、電子データのやり取りが中心になりコピーを取る必要が減った、ということもあるでしょう。けれども、それで性別に関わる社内のハラスメントがなくなったということにはなりません。

たとえば、男性が女性の同僚に、「女のくせに仕切りすぎだよ」と言う場合を考えてみましょう。こうした発言もジェンダー・ハラスメントとして認められています。ただ、このとき重要なのは、発話者の男性と聞き手の女性のあいだに上司と部下という社内の上下関係はなくてもよいということです。この発言の前提には、明らかに、男性が仕事のリーダー格を務めるもので、女性は言われたことをやっていればよいといった地位の格差についての考えがありま

＊19　内藤忍「職場のジェンダー・ハラスメント」、独立行政法人労働政策研究・研修機構ホームページ

す。そして、この考えは、会社内の枠にとどまらず、むしろ社会のなかで定着しているものです。だから、この発言は、ジェンダー・ハラスメント「でありかつ」女性差別的だと言えるのです。

上下関係を盾にした性的な働きかけも、「女のくせに……」といった発言も、性別に関わるハラスメントであることがわかりました。「女のくせに……」発言の場合には、はっきりとジェンダー・ハラスメント「でありかつ」女性差別であると言えるでしょう。しかし、性的な働きかけの場合には、セクシュアル・ハラスメントであることは明白でも、特に女性から男性へのセクシュアル・ハラスメントの場合には、同時に性差別でもあると言えるかどうかが問いとして残りました。ジェンダー・ハラスメントの観点から見ると、男性から女性へのセクシュアル・ハラスメントがより性差別的だと思われるのは、女性から男性への場合よりも、ジェンダー・ハラスメントと結びつきやすいからだと思われます。

男性が女性に上下関係を盾にした性的な働きかけをする場合、女性は男性の要求を受け入れるべきだといった考えがしばしば背景にあるのに対して、女性から男性への場合には同じような考えが見られることは少ないと思われます。このような考えは、「性的でないが、性別に関係する不快な言動」にもつながるものであり、それゆえ、男性から女性への性的働きかけにおいては、セクシュアル・ハラスメントとジェンダー・ハラスメントとがしばしば結びつきます。こうした考えは、とりわけ女性が断ったときに、「女のくせに」のような言動となって顕在化しやすいものです。

もっとも、女性が上下関係を盾にして男性に性的に働きかけ、断られた場合に、「男のくせに」と言うことも考えられます。「男のくせに」ということで、性的な誘いを断るなどということは男らしくない、という考えが表明されているかもしれません。

一般的に見ても、たしかに、「男らしさ」が男性に強要されたり、過剰に期待されたりする場合もあるでしょう。「男なんだから我慢しろ」「男がくよくよするな」「男なんだから妻子を養うのが当然（一人前）だ」などといった言動です。

このような発言がなされる場合、発言者が男性であろうが女性であろうが、多くの場合、男性に対するジェンダー・ハラスメントになるでしょう。しかし、では、このジェンダー・ハラスメントは「男性差別」だと言えるでしょうか。

そうではないと考えるべき理由があります。これらの「男らしさ」を男性と見なされる人に求めるのは、それ自体が女性差別を維持する仕組みの一部になっているからです。たとえば、「男なんだから我慢しろ」とか「男がくよくよするな」などは、男性のほうが女性よりも強くなければならない、という考え方が前提になっています。この背景には、女性は男性よりも強くあってはならない、という考え方があるでしょう。ここでの「強さ」は、男性が行為の主導権を握り、女性は男性を下支えする役割だということを自明視するような言動に支えられ、またそれらの言動を支える機能をもっています。[*20] それに対して「女らしさ」を要求する場合には、女性のほうが男性よりも主導的な立場にあるべきだという考えは明らかに含まれていません。むしろ、男性よりも女性は控えめであるべきだという考えこそが示されています。

以上のように、ハラスメントの中でもジェンダー・ハラスメントは性差別と直接結びついていると言えます。男性がジェンダー・ハラスメントの被害者になる場合でも、ジェンダー・ハラスメントが男性と女性に対する非対称的な社会的な役割などを押し付ける言動である以上、それが性差別だと言えるのは女性に対する差別だけだと考えられるでしょう。セクシュアル・ハラスメントが性差別的であるかどうかも、ジェンダー・ハラスメントとの結びつきによるという意味で、ジェンダー・ハラスメントこそが性差別の核をなしていると言えるでしょう。

ジェンダー・ハラスメントとアカデミック・ハラスメントが結びつくとき

最後に、ハラスメントのさまざまな概念のうち、大学のようなアカデミックな環境に特有なものについて考えるために、会社から大学キャンパスに目を転じてみましょう。たとえば、ある男性教員がゼミで「女子学生はそんなに研究頑張らなくてもいいんじゃないか」と言うとします。この発言は、アカデミック・ハラスメントと見なされます。アカデミック・ハラスメントは、「大学等の学内で、教員や職員が教育上、研究上または職場での権力を利用して、学生・大学院生等の教育指導や研究活動に関係する妨害やいやがらせの働きかけをしたり、不利益を与える行為」[*21]だとされています。この発言は、学生のやる気をくじいたり、ゼミに行きにくくさせたりするからです。

この発言はしかし、アカデミック・ハラスメントという点で問題であるだけではありません。この発言を成り立たせている背景には、女性はどうせ家庭に入って主婦になるのだから研究を頑張っても仕方がない、といった固定した価値観があるからです。この価値観には、研究活動は女性よりも男性に向いているといった考えも含まれているでしょう。ひょっとすると、研究よりも意味のある活動はたくさんあるし、別に、主婦になるための準備をすることが研究に専心することより劣っているわけではない、と思うかもしれません。それはたしかにそうですが、この発言はゼミの場で教員から学生に向けてなされているという文脈からすれば、「研究活動は女性よりも男性に向いている」という考えを伝達することはやはり特有の意味をもっています。なぜなら、ゼミとはまさしく研究活動の場であって、まさにその場から女性だけを排除し

＊20　女性と見なされる人を「家事や育児」といった、他者のニーズに応答してそれを「下支えする」役割と結び付け、男性と見なされる人を「活動の主体」と結び付ける「ジェンダー」は、「男性」を「性的欲望の主体」として「女性」を「性的欲望の対象」とする異性愛主義と繋がっています（江原由美子『ジェンダー秩序』、勁草書房、２００１年、１２５‐１５９頁）。いずれも、他者のニーズや要求を受け入れ、それに応ずる役割を、「女性」に課しているからです。

＊21　厚生労働省委託事業平成24年度キャリア教育実践講習（大学等向け）テキストより（91頁）。

ているからです。この場合、アカデミック・ハラスメントはジェンダー・ハラスメントとの混合物として現れているのです。

以上の議論から、ハラスメントのなかには明白に性差別だと言えるものがある、というだけでなく、その際には、セクシュアル・ハラスメントもアカデミック・ハラスメントもジェンダー・ハラスメントと結びついている、ということがわかりました。ハラスメントはこのように複雑に絡み合うことで深刻なダメージをもたらします。たとえば、最後に取り上げたアカデミック・ハラスメントとジェンダー・ハラスメントとの混合物は、そもそもゼミという場、あるいは大学という研究の場を破壊するものです。研究は、自由で公平な言論が保障されることを要求するものであり、性別を含む特定の特徴に基づいてその自由を制限したり妨害したりすることはこの前提をくつがえすものだからです。

対等で自由な立場で話すという公正な社会の前提が、差別によって傷つけられることは、大学に限らず、社会的に広く見受けられるものではあります。先に見たような、会社で意思決定プロセスに関わる仕事から女性だけが排除されるというのはその一例でしょう。また、ハラスメントは性別に関わるものだけでなく、人種、民族、障害、国籍など、関連する特徴は多岐にわたります。ここでは性別に関わるものに話を限りましたが、次の「いじめ」についてはそれ以外の特徴に視点を移したいと思います。

いじめは差別か

いじめとは何か――一般的説明

いじめは差別としばしば重ねて語られます。差別というものは一種のいじめなんじゃないか、という発想もありえるでしょう。実際、被差別部落出身であることや在日コリアンであることを理由にいじめが起こることもあります。いじめと差別にはさまざまな関連性が見られますが、同一視できるわけでもありません。いじめについて考えることは、差別とは何かを問うための一つの視点を与えてくれます。

では、いじめとは何のことでしょうか。この問いに答えることは簡単ではありません。そればかりか、まさに、いじめの本質には、「それが何であるか」を言うことがとても難しいということがあります。実際、いじめが話題になるとき、それが悪いかどうかが議論されることもありますが、むしろ、いじめが悪いことは当然として、でも、何をもっていじめと言うのかがよくわからない、ということがよくあります。いじめているのか、からかっているだけなのかはしばしば曖昧です。いじめがよくある子ども同士の喧嘩の一つだと見なされることがある一方、いじめているほうは単に遊んでいただけだと言うこともあります。喧嘩から遊びまで、両極端の行為がいじめと不分明な関係にあるのだから、いじめとは何かを見定めることは困難であり、この困難さこそが現場の重要な問題でさえあります。いじめと見抜けずに、いじめを悪化させたり長引かせたりすることもよくあります。

「いじめが見抜けなかった」ということと実際に「いじめはなかった」ということとは違います。いじめはあるのに見抜けないということが問題を深刻にしているのです。そこで、社会は、学校でのいじめに対して抜本的な解決をしようと法律や教育の面でいくつかの手を打ってきました。それによっていじめがどれくらい解決されてきたのか、ということも重要ですが、ここでは、そうした取り決めにおいていじめが何のことだと見なされているかに着目したいと思います。

2013年に「いじめ防止対策推進法」が施行されました。「いじめ」を定義している点でこの法律は重要です。それによれば、いじめとは「児童等に対して、当該児童等が在籍する学校（小学校、中学校、高等学校、中等教育学校及び特別支援学校）に在籍している等当該児童等と一定の人的関係にある他の児童等が行う心理的又は物理的な影響を与える行為（インターネットを通じて行われるものを含む。）であって、当該行為の対象となった児童等が心身の苦痛を感じているもの」（第2条）だということです。児童生徒の間で心身の苦痛を与える行為を行なうことがいじめとされ、これに対する学校や行政の対処方法をこの法律では定めています。

法律では学校側や行政の取り組みについてさまざまに規定していますが、子どもたち自身は、いじめに相当するような行為を「ただ遊んでいるだけ」と解釈していることすらあるわけですから、抜本的な解決のためには子どもたち自身がきちんといじめについて反省し、考え、話し合う必要があるように思われます。実際、２０１８年度に小学校で、２０１９年度から中学校でも、「道徳」が正式な教科として位置づけられましたが、その必要性の説明として、「現実のいじめの問題」に対応できる資質・能力を育むことが挙げられています。具体的には、「〈あなたならどうするか〉を真正面から問い、自分自身のこととして、多面的・多角的に考え、議論していく」ということが「考え、議論する道徳」の狙いとされています。たしかに、ただ「いじめは許されない」と教え込むことと、そもそも、どのようなことがいじめになるのか、なぜいじめをしてはいけないのかを、子どもたち同士が自ら振り返り、「考え、議論する」こととは違うでしょう。子ども同士が自分たち自身の行動で問題解決できることが求められているわけです。

学校の人間関係だけが問題なのか

法律や教育の場面で、いじめは、子ども同士の人間関係や子ども自身の考えや行動のあり方の問題と見られています。では、これで、いじめとは何かという問いにもう答えは出たのでしょうか。そうではないはずです。

まず、私たちの日常生活において、いじめは学校のなかの子どもの問題とだけ考えられているわけではありません。大人の場合も、義理の親に執拗にいじめられるというケースが報告されています。家事や育児について、あれこれダメ出しされたり、人間としての未熟さを執拗に言われたりして、人格攻撃にもなり精神的に追いこまれる、といった訴えがよく聞かれます。インターネットには、いかにしてそれとなくやり返すか、あるいは、聞き流すなどいかにしてやり過ごすか、などについての助言がたくさんあり、また、裁判に訴える手段についても情報が飛び交っています。

ともあれ、法律や教育において子どものいじめが語られる場合も、インターネットなどで大人のいじめが語られる場合も、それを解決するためになされる助言や情報は、私的な人間関係の修復という文脈にあります。

いじめが私的な人間関係の問題なのだとすると、いじめと差別には決定的な違いがあることになるでしょう。差別は、ジェンダーや人種などに基づいて特定の集団へと向けられることに特徴があり、本質的に、社会的な現象であり、友人や家族のような私的関係のトラブルには収まりません。差別的な行為の場合には、男女間の地位の違いとか、有色の人々に対するヨーロッパ系白人の優位とか、そういう社会的背景が控えていますが、学校や家庭内のいじめの場合にはそうとは限りません。

いじめと差別の共通点

では、いじめと差別はまったくの別物で、何の関係もないのでしょうか。

まず、形式的な面での共通点から考えてみましょう。いじめには、喧嘩や遊びとは違って、「一方的」という性格があります。たとえば、学校での典型的ないじめは、１人または少数の子どもを、クラス全体または多数で無視したり嫌がらせをしたりすることですが、その際、後者が一方的に前者を無視したり嫌がらせをしたりしています。この一方的な関係は、お互いにやりあう場合のような釣り合いや対等さを欠いています。このことは、次のような状況を考えてみればわかると思います。たとえば、クラスが完全に半々のグループに分かれて、双方が他方を無視している場合、または嫌がらせの応酬がある場合です。もちろん、これも望ましいことではありませんが、この場合、ここには対立や喧嘩があるとは言えるでしょうが、一方が他方をいじめているとは言えないでしょう。

このように関係が一方的で対等ではないという点に加えて、その関係が持続しており、また固定化しているという特徴も、いじめにとっては本質的な要素だとされています。[*22] たとえば、

＊22　以下の著作では、いじめの三要素として、「力関係のアンバランスとその乱用」「被害性の存在」に加えて、「継続性ないしは反復性」が挙げられています。森田洋司『いじめとは何か――教室の問題、社会の問題』、中公新書、２０１０年、70頁。

授業中に後ろに座っている子どもが前に座っている子どもに消しゴムのカスを投げつけているとしましょう。それを見たとき、後ろの席の子どもは前の子どもをからかっているとか、単なるいたずらをしているように見えるかもしれません。もし、前の子どもが後ろの子にカスを投げ返すなら、関係が一方的でないので、喧嘩しているとか、あるいは、あまり楽しそうではありませんが、遊んでいると思うかもしれません。しかし、前の子がやり返すことがなく、しかも、翌日も同じことが起き、さらにまた気がつくと同じようなことが起きているのを見たならば、これは単にからかっていると言って済ませられなくなるのではないでしょうか。さらに見渡してみると、他の子が笑っていたり、別の子はあえて目をそらしたりしているのが見えるとしましょう。するとこれは、単なるからかいではなく、いじめだという疑いが高まるでしょう。

一方向性と固定化といういじめの特徴は、差別を考える上でも重要だと思われます。典型的な差別の場合も、差別する側とされる側の関係が一方的で、後者が前者にやり返すことが非常に困難であり、この困難さが差別の経験を重苦しくしています。また、差別する側とされる側の関係が日常のさまざまな場面で繰り返し固定化され、またそれが周囲に黙認されているといった特徴がよく見られます。たとえば、人種隔離政策の問題は、黒人に対する差別に対して法的に抵抗しようとしても法自体が黒人に不利に働くようにできていました。その差別は、通学や通勤に使うバスで白人と黒人の席が分けられているなどの仕方で、毎日の生活に織り込まれ、固定化し、それを揺るがすには社会の大変革が必要なほどになっていました。

差別がいじめを駆動する

いじめと差別には形式的な共通点があるだけでなく、いじめの背景に差別があるという関連性もあります。いじめの事情をよく見てみると、そこには、その子どもの出自が関わっていることが少なくありません。その子どもは、しばしば、どこで誰から生まれたのか、どういう肌の色をしているのか、などの点で、別の子どもたちから区別され、しかも、その（自分では変えることのできない）特徴に基づいて、からかわれたり嫌がらせをされたりしています。「ハーフ」の人たちの語り合いにはこういった場面が出てきます。[*23]

年下にからかわれたりとか。…まあ、俺なんかでいったら「チョコレート」だとか、「焼きせ

＊23　「ハーフ」という名称を使うことにも議論があります。日本では、ハーフ以外にも、混血、ミックス、ダブルなど、さまざまな表現が使われてきました。「ハーフ」は半分であり完全でないというイメージがあり、二つの文化を受け継いだというポジティブな意味合いの「ダブル」が良しとされることもあります。ただ、次のような指摘もあります。「〈ハーフ〉言説が当事者たちにとって必ずしも差別表現として定着していたわけではなかったこと、そして当事者は必ずしも二つの文化・言語を体得する環境で育つわけではないという理由によって、〈ダブル〉の使用に対して批判的な意見も当事者からは出されている」（下地ローレンス吉孝『「混血」と「日本人」――ハーフ・ダブル・ミックスの社会史』、青土社、２０１８年、２０２頁）。

んべい」みたいなこととか、いろいろ言われてたね。
〔ルーツとして〕韓国入ってるから嫌いっていう人いるじゃないですか、その位で人を判断しちゃうって。…ちょっときついジョークもありますけど。別にかわいいレベルですけど。例えばですけど「おいキムチ」みたいな。*24

こうした場合、子どもたちが特定の子どもをからかったり嫌がらせをしたりという「いじめ」の行為は、肌の色や出自の違いゆえに相手を貶めるという典型的な差別を背景にしています。他にもさまざまなケースがあります。外国人の親をもつ子どもが、日本語を母語としない親が日本語で話しているところを他の子どもたちに聞かれ、「お前の母ちゃん、日本語おかしい」とか、（現実にそうであるかどうかはともかく）「お前の日本語も~訛りだ」などと執拗に言われる、などです。このような場合、消しゴムのカスのような出来事は単に（目につきやすい）氷山の一角である可能性が高く、いじめがさまざまなかたちで、日々の細部で遂行されている可能性のほうが高いでしょう。「弱い者いじめ」という言葉がありますが、いじめられる人はもともと社会的に弱い立場にあることが少なくありません。このことはいじめの背景に差別があるケースが少なくないことを物語っています。

先に見たように、「いじめ防止対策推進法」や「道徳の教科化」のような国の法律や教育の場面では、いじめは子どもの間の私的関係の修復という文脈で語られています。しかし、「弱い者いじめ」の背景をよく見てみると、特定の子ども（や大人）がターゲットになりやすいのは、その人が外見や出自に関してマイノリティであるなど社会的に差別されている集団に属している、という無視しえない現実があります。いじめは社会的差別を背景としており、差別に駆動されていることが多いという側面を考慮すると、差別のほうも日々の一見些細な言動のなかで大規模に進行している可能性に気づかされます。

いじめと差別の相違点

これまで見てきたように、いじめと差別には一方向性と固定化という共通点があり、また、いじめの背景に差別があるという関連性もあります。しかし、いじめと差別が同一視できるわけではなく、両者には違いがあります。その相違点を次に考えましょう。

まず、いじめの特質には、閉鎖的な空間で限られた集団のなかで生じる、ということがあります。他方、差別はとても広く、通常いじめと呼ばれるもの以外にもさまざまな行為、慣例、政策などを含みます。このことは、いじめの典型が学校での児童生徒の間の問題として議

＊24　下地ローレンス吉孝『「混血」と「日本人」――ハーフ・ダブル・ミックスの社会史』、青土社、2018年、287頁。

論されることに現れているでしょう。すでに見た「いじめ防止対策推進法」とか「道徳の教科化」にあるとおりです。もちろん、同じような構造は職場などにもあり、家庭内や職場でのいじめについて語られることもあります。また、家庭、学校、職場のいずれのいじめも、今日ではSNSでのやり取りといったインターネット空間と地続きでつながっています。しかし、いずれにせよ、その持続的かつ固定的な攻撃は、限られた集団性（加害者と被害者が何らかの仕方で、個人として特定の継続的な関係があること）を前提としています。だから、いじめから逃れる有効な方法として、転校したり転職したり、あるいは家族としての縁を切ったりすることが挙げられます。もちろん、これらの変化を強いられることには多大な負担があり、それ自体いじめの害悪だと言えます。しかし、別の学校や会社では、同じいじめが続くとは限りません。

他方、差別の場合には、特定の学校や職場を離れても同じような攻撃が続きます。本書では、歴史的に差別と見なされてきたさまざまなケースを含めて考えています。就学や就労上の不利益、人種隔離政策、あるいは政治的権利の剥奪、さらには、人を見る仕方や人に向けられる身体的ジェスチャーなど、これらには、いじめには見られないような、ある集団に対する差別が大規模に連関している、その歴史的背景がやはり無視できないものとしてあります。黒人の子どもが白人の多い学校ではいじめられていたけれど、黒人の多い学校に転校することでいじめられなくなる、ということはありえますが、だからといって、その子どもが就職活動で不利に扱われるリスクがなくなるわけではありません。むしろ、黒人の多い地域の学校を卒業したというまさにその経歴ゆえに不利になる可能性さえあります。そのような就職での差別は典型的な人種差別ですが、普通、企業の担当者にいじめられたとは言わないでしょう。いじめにおける関係の一方向性や固定化は、閉鎖的な空間と人間関係において先鋭化しますが、差別における一方向性や固定化はどこまでいっても終わりがない広がりにおいて強固になると言ってもよいでしょう。

また、いじめと差別の相違点として、いじめの場合には立場が一夜にして逆転することがありうるのに対して、差別の場合には仮に逆転することがあったとしてもそれには相当な時間が必要だ、ということがあります。いじめには一方向性と固定化の特徴があるので、一日ごとにやる側とやられる側が代わるようなら、そもそも「いじめ」ではなく「喧嘩」と呼ぶべきでしょう。しかし、いじめが始まり、その関係がいったん一方向的かつ固定的になった後で、いじめられていた側が本気で怒るなど、何らかの転換点が生じた後に、いじめていた子どもがいじめられる側に転化することがあります。この場合、いじめられている子は、恐らくは、これまでいじめていたという理由でいじめられています。他方、差別の場合に一夜逆転がないのは、ある集団に対する差別が大規模に連関している、その歴史的背景が（いじめには見られない仕方で）あるからでしょう。

いじめはハラスメントと同様に、歴史的背景がある場合とそうでない場合があります。そして歴史的背景がある場合には差別との関連性がはっきりと浮き彫りになるように思われるのです。（いじめでありかつ）差別だとはっきりと呼ぶべきケースには歴史的背景があるのだとすると、どういうものが差別なのか、という問いに対しても歴史のもつ重要性が示唆されています。

いじめから見えてくる差別の複雑さ

いじめと差別との関連性を考えることは、いじめについての考えを深めることに役立つだけではありません。差別とは何のことだろうかという目下の問いについても、考えが広がるはずです。典型的な差別としては進学や就労における差別が挙げられます。そして、結果や機会の平等を実現することが差別を無くすための手段だとしばしば考えられています。しかし、結果や形式だけに注目すると、差別の複雑さや広範さを見落とすかもしれません。

〔面接で部屋に入ったら〕面接官に、「あれ、部屋間違えてませんか?」って。いや、「何時何分に面接に来た谷本です」って言って。そう言ったら、相手はびっくりしながら「あ、そうなんですね」って。それで席に着いたら、だいたい第一声が、「え、どこの人ですか?」って。「ハーフですか?」って。一番最初に聞かれるのが、志望理由とかじゃなくて、「え、ハーフ?」って。[*25]

就労の場合も、機会が与えられて結果が出る間に具体的な対人関係の場面があります。そこでも、外見に基づいた差別があります。もっとも、人に「え、どこの人ですか？」と聞くのは失礼かもしれないけど、差別だとまでは思わなかった人も多いでしょう。この発言には、少なくともそのままでは「ハーフだから採用しない」といった明白な就労差別は見出せませんし、ヘイトスピーチのような憎悪表現も見当たりません。また、「焼きせんべい」や「おいキムチ」のように露骨に嫌がらせをしようという意図も見出せません。

けれども、こうした言動は、社会心理学では「マイクロアグレッション（微細な攻撃）」（２１２ページ）と呼ばれ、日常の細部で生じる重大な差別的ふるまいとして認識されています。こうした発言は、言われるほうにとっては、偏見にさらされたり満たせない期待をかけられたりすることの心理的負担が重く、学校や仕事場でのモティベーションやパフォーマンスの低下につながったり、精神的な病につながったりして、要するに、外見上の違いによって人生の質や成功に格差が生じてしまうことが確認されているからです。先の面接の例では、親の出身地のようなプライベートな情報を詮索されることで、他の志願者よりも、志望理由のような面接における重要な内容を語る時間を奪われています。それが、採用結果にどう影響するかという問題

＊25　下地ローレンス吉孝『「混血」と「日本人」――ハーフ・ダブル・ミックスの社会史』、青土社、２０１８年、２９０頁。

もありますが、1人の個人（志願者）として見られる前に外見と出自を問いただされる——こうした問いただしは、ハーフ（ミックスレイス）の研究では、不審者に対する警察のふるまいになぞらえて「尋問」と呼ばれます——ことによって、その仕事場でのモティベーションも下がる可能性が高いでしょう。それは結果として、人生の質に影響します。

マイクロアグレッションといじめには類似点がいくつもあります。それをやられている側が心理的な傷を負っている一方で、それをやっている側にはしばしば自覚がないこと。学校のいじめのように、マイクロアグレッションもそれにまったく関与したことがない、という人はほとんどいない、というように、大規模で頻繁であること。いじめがそれとして見抜きにくいのと同様に、マイクロアグレッションも「ごく普通の」発言と見分けがつきにくく、周囲の人の黙認や同調がその影響を強めること、などです。

差別に歴史は必要か

アファーマティブ・アクション、ヘイトスピーチ、ハラスメント、いじめについての考察から、差別は、そのとき限りの行為には収まらず、すでに存在している歴史的基盤に立ってなされるという局面が見てとれました。この点は、差別の歴史性という問題を浮き彫りにします。この側面をどこまで重視するかによって、差別はなぜ悪いのかという問いに対する答えにも違いが生じてくるのです。

一方で、差別は過去の歴史の文脈なしにはありえないという考えがあります。他方には、過去の歴史とは関係なく差別は差別だと言えるという考えがあります。過去の歴史を重視するならば、「名前の頭文字が〈あ〉から〈と〉の人はバスの前方に座り、〈な〉以降の人はバスの後方に座る」という決まりは、差別と言うにはどこか足りないように思えます。他方、「白人はバスの前方に座り、黒人はバスの後方に座る」という決まりであれば、奴隷制から人種隔離政策へと進んだアメリカの黒人差別の歴史ゆえに、悪質な差別であると考えられます。

これに対して、過去の歴史と差別を切り離そうとする場合、名前の頭文字でバスの座席を区別することも、それによってどちらかが不利益を被っているのであれば差別だと考えられます。たとえば、バスの後方ではエアコンの効きが弱いとすれば、後方に座らされることは、「な」

以降の人たちが被差別の歴史を共有していなくても、不利益を生じさせるために十分差別と呼ぶに値する、ということになります。逆に、過去の歴史とは関係がないならば、黒人と白人とを隔離するバスの座席指定も、一方に対する不利益がないならば、悪質な差別ではない、ということになるでしょう。

以上、差別とはどういうものかについて見てきました。最終的に、差別が悪いのはなぜなのか、という問いが生じてきました。続く第2章では、この問いをより深めていきたいと思います。

第2章

差別は
なぜ
悪いのか

第1章では「差別とはどういうものか」について考えました。この第2章では「差別はなぜ悪いのか」について考えていきます。しかし、この二つの問いはどこか異なる印象を与えるかもしれません。差別とはどういうものかについては、非常に多様な考えがあるように当初思われましたが、第1章の考察を通じて、「ある特徴に基づいて一方の集団に不利益を与える」という標準的な発想に達しました。他方、これから扱おうとする「差別はなぜ悪いのか」という問いについては、悪いのが当たり前でわざわざ問う必要が感じられない、というのが一般的な印象のように思われるからです。「差別とは何か」とか「差別をどうなくすのか」については多くが語られてきたものの、これに比べると、「差別はなぜ悪いのか」をなぜ問わなくてはいけないのか、それ自体、まず説明が必要かもしれません。

「差別はなぜ悪いのか」という問いは本当にそれほど自明でしょうか。実際に、議論をしてみると、私たちはさまざまな答えを抱いていることがわかります。

[1] ある人は、差別が悪いのは、差別をする人に、敵意や、嫌悪の感情や、不合理な判断や、偏見の目があったりするからだと言います。

[2] 別の人は、差別される人を傷つけたり、苦しめたりするからだと言います。

[3] さらに別の人は、人権を侵害しているからだと言うかもしれません。

[4] あるいは、差別の悪質さを、個人の心の状態に還元するべきではなく、むしろ、社会状況や歴史的経緯が鍵になる、と言う人もいるかもしれません。

これらの意見は、どれももっともらしいですが、それぞれ異なっており、互いに衝突する場合もあります。だから、「差別はなぜ悪いのか」という問いは、あらためて問う必要はない、などというわけではない。このことがわかると思います。

四つの答え

今、差別はなぜ悪いのかという問いへの答えと考えられるものを四つ挙げました。これらは、差別の悪質さを考えるときの代表的な見解と言えます。哲学的な差別論も同様で、こうした考え方を吟味し、それぞれの考え方のあいだの違いを明確化したり、それぞれの考え方の重なりを確認したりします。

まず、差別が悪いのは、差別をする人に、敵意や、嫌悪の感情や、不合理な判断や、偏見の目があったりするからだという見解は「心理状態説」と言われます。差別が一つの行為である限り、行為の前には行為者の意図や態度などがあるでしょう。差別の哲学では、このような考え方を「心の状態」に問題があるという意味で心理状態説と呼んでいます。

第二に、差別が悪いのは、差別される人を傷つけたり、苦しめたりするからだという見解は「害説」と言われます。差別は、差別する側の人の問題であるだけでなく、差別される側の人々が大きな害を被るから悪いのだ、という考え方です。誰もが「人を傷つけてはいけない」というようなことを言われたことがあるでしょう。心理状態説と害説の違いを理解するためには、「そんなつもりはなかったんだけど、ごめんなさい」と謝るような場面を考えることができます。つまり、たとえあなたがどんな「つもり」であったとしても、相手が傷ついたんだから悪いことをしたんだ、という理解がここには含まれています。

ここで言う「つもり」とは意図のことです。差別の場合でも、意図がなかったとしても、相手が深く傷ついてしまうようなことをしたら、さまざまな点で害を与えていると言えるでしょう。

第三に、差別が悪いのは人権を侵害しているからだ、という見解は「人権侵害説」と言えます。特に日本では、差別は第一に「人権問題」と呼ばれてきました。小学校や中学校の道徳の時間などで差別について人権問題として学んだことを覚えている人もいるでしょう。「人権週間」とか「人権啓発」といった名の下で差別問題が扱われることもよくあります。たしかに差別は、人が人であるというだけでもっている重要な権利を侵害しているように思えます。たとえば、自由に移動したり、自由に発言したりする権利は、誰にでも保障され、誰によっても侵害されるべきでない権利だと言えます。こうした自由が制約されることは、重大な権利侵害として悪質な差別となるように思われます。この章では人権侵害の中でも特に自由侵害を直視する「自由侵害説」を取り上げます。

第四に、差別の悪質さは、個人の心の状態に還元するべきではなく、むしろ、社会状況や歴史的経緯に依存するという考えは、「社会的意味説」と呼ばれる立場に近いものです。この立場によれば、差別は、ある特定の社会的文脈のなかで、特定の人々を貶める意味をもつから悪い、ということになります。「意味」というのは漠然としていてわかりにくいかもしれませんが、次の例によって理解できるでしょう。たとえば中指を立てるというジェスチャーがあります。中指を立てることには人差し指を立てるのとは違う意味があります。つまり、相手を見下したり挑発したりするという意味です。この行為の意味は、一定の社会的・文化的な文脈によって与えられ、別の文脈によっては失われるものです。意味とは、行為者の心の状態にも、行為が向けられた相手の人の心の状態にも還元できないものなのです。

これらの四つの説は、それぞれ違う主張をしていますが、「悪が生じる場所」と「悪の根拠」に注目すると、お互いに重なっている部分も見えてきます。

害説と自由侵害説は、「悪が生じる場所」という点で共通しています。つまり、悪が生じる場所は、差別される側の人にあります。「悪の根拠」という点では、害説は、差別される人の苦しみや傷に、自由侵害説は差別される人の自由の制限などに注目するという違いがあります。

また、心理状態説と社会的意味説は、「悪の根拠」という点で共通しています。この二つの説は、他者を対等な存在として尊重するべきだ、という基本的な道徳的義務に反するから、差別は悪い、という考え方です。「悪が生じる場所」という点では、心理状態説は文字どおり差別する人の心の中に悪を見出すのに対して、社会的意味説は、悪のありかを心の中に閉じ込めず、行為が社会的文脈の中で帯びる意味に悪が伴うと考える、という違いがあります。

以上を表にしてみると次のようになります。

	悪が生じる場所	悪の根拠
害説	差別される人（が被る結果）	差別される人が被る害
自由侵害説		自由の制約としての権利侵害
心理状態説	差別する人（の意図、感情、判断、知覚）	他者を対等な人格として尊重しないこと（「尊重すべし」という義務違反）
社会的意味説	差別という行為（が社会的にもつ意味）	

以下では、これら四つの説について、それぞれの利点と難点を検討しつつ、差別はなぜ悪いのか、という問いに迫っていきたいと思います。

差別者の心や態度に問題があるのか（心理状態説）

差別は心の行為

一つ目に、差別する人の意図に着目する議論を考えましょう。ジョージ・ガルシアという哲学者は「差別は心の行為」だとして次のように述べています。

私たちが良く知っているように、下等動物も、赤ちゃんも、深刻な知的障害を負った人も、差別することはできない。なぜなら、これらの存在は心理的な働きを必要とする行為を行なうことができないからである。[*26]

差別は人間（個人であれ集団であれ）が行なう行為です。そして、行為は意図、感情、判断な

＊26　Garcia, Jorge L. A. "Discrimination and Virtue," in: Kasper Lippert-Rasmussen (ed.) *The Routledge Handbook of the Ethics of Discrimination*, Routledge, 2018, 175.

どの心理的な働きに基づいています。ここから、差別をする人には、差別的な意図や嫌悪の感情があり、その背景にはさらに不合理な判断があったりするというのは、ごくふつうの考え方でしょう。こうして、差別が悪いのは、差別する人の心の歪みにあるのだ、という考えがストレートに出てきます。

このように差別する側の「心の中の状態」を悪の根拠にする議論を、「心理的状態説」と呼びます。

差別の悪質さは敵意による

かつて、差別語や差別的なジェスチャーについて、日本の被差別部落の解放運動の指導者で全国水平社の創設者の一人、西光万吉《さいこうまんきち》は次のように指摘しました。

百の穢多及び特殊部落の言葉が発せられても其処に何等の差別的侮辱的の意味が含まれない場合は確に差別されたとは云へぬ。これに反して仮令《たとえ》些々たる指四本の行為に対しても侮辱的の意志が表示されたと認めた場合は明かにこれを差別的の行為と見做すことが出来得る。(中略)そこで賤視観念は形の上や言葉の中に現はれるものではなく、形や言葉は単に心の反映に過ぎないと云ふことが判る。だから特殊部落と云ふ言葉が出たから差別するとも決まってゐなければ、その反対に指四本や顔の表情一つにも差別の意志が表されないとも限らぬ。[*27]

「指四本」については知らない人もいるかもしれません。これは、手の指を４本立てるジェスチャーで、被差別部落の人を４足歩行の動物と同等の存在として貶める意味をもちます。ここで西光が指摘しているのは、言葉やジェスチャーそのものが問題なのではなく、それらは「心の反映」であって、その背後にある「侮辱的」な、または「差別の意志」が重要だということです。ここでいう「意志」は、心理状態説における「意図」に相当します。私たちは何か悪いことをした人を非難するとき、本人に悪い意図や敵意があったかどうかを問題にします。この引用文では、侮辱しようとする「意図」が問題になっています。もっと言えば、賤視観念とあるように、差別される側を劣った人間として貶めようとする意図があるというのが問題なのです。

＊27　灘本昌久「「差別語」といかに向きあうか」、『部落の過去・現在・そして…』、こぺる編集部編、阿吽社、１９９１年、１１９頁。西光万吉は水平社宣言の執筆者であり、水平社宣言は日本で初めての人権宣言と呼ばれています。

嫌悪の感情と不合理な判断

次に、意図だけでなく感情も心の状態です。

20世紀の代表的な哲学者の一人であるジャン＝ポール・サルトルは、反ユダヤ主義を批判した古典的な著作『ユダヤ人』のなかで、ユダヤ人差別をする人の典型的な考え方を示しています。

わたしは、ユダヤ人が大嫌いだ。彼等は、功利的で、わるだくみにたけて、ねちねちして、執念深く、気が利かず、その上まだまだ……＊28

ここでは、嫌悪の感情が表明されています。感情と言うと、理由なくパッと降ってわくようなイメージがありますが、このサルトルの例では、ユダヤ人についてのさまざまな判断によって支えられていることがわかります。身近な例で言えば、友達が「○○さんが大嫌いだ」と言っているとしたら、「なんでそんなに嫌いなの？」と聞きたくなるでしょう。そこで、「○○さんは私の悪口を言いふらしている」という理由があれば、友達の感情はもっともだと思われるでしょう。しかし、答えが「○○さんは私の好きなアーティストを好きじゃない」だとすれば、友達の感情はどこか行き過ぎていると思われるでしょう。同じ感情でも、判断がどれだけ合理的な理由になっているかが、その感情に対する印象を変えるのです。

ユダヤ人差別者の嫌悪の感情は、ユダヤ人の性質についてのさまざまな判断を理由としていますが、その判断は不合理であり、不合理な判断に支えられた感情はやはり歪んだものだと言えます。サルトルが指摘するように、このように言う人々はごく限られた経験から得られた印象を、この場合「ユダヤ人全体」に一般化して、嫌悪の感情の根拠にしています。

なぜこのような極端な一般化が起きるのかは不思議であり、説明が欲しくなります。サルトルは、反ユダヤ主義は、思い込みが「事実に先行し、逆に事実を探し求めて、それによって自らを養う」のであって、「そればかりか、事実を自分流に解釈」することで成立している、と指摘しています。[*29] この説明は、今日の社会心理学における「確証バイアス」の議論に近いものです。たとえば、「女性は仕事ができない」という仮説（思い込み）をもっている人は、女性が仕事で失敗したりする姿を見ると、「ああ、やっぱり」と自分の仮説が確証されたと思い、逆に、男性が仕事で失敗する姿を見ると「何らかの事情があるのだろう」と考えるなどして、自分の仮説を見直す機会にしない、という心理的メカニズムがあるとされています。最初から自分の側に思い込みがあって、自分の思い込みを強めるような情報しか見ない、あるいは、思い

＊28　ジャン＝ポール・サルトル『ユダヤ人』（安堂信也訳）、岩波新書、１９５６年、６頁。
＊29　サルトル『ユダヤ人』、15頁。

込みがあると、その思い込みに従う仕方で現実が見えてくる、という傾向も伴っています。そして、自分自身の思い込みに反する証拠を否定できないような仕方で突きつけられると、しばしば感情的にそれを拒絶したりします。[*30] そうした傾向ゆえに、ごく限られた経験から「ユダヤ人はわるだくみにたけている」といった一般化が固定化されると考えられます。

実を言うと、サルトルの例では、先のような発言をしている人物は、ユダヤ人と付き合った経験もないようです。にもかかわらず、このような一般化を信じているのです。これはまったくもって根拠のない判断だと言えます。次のような発言も例示されています。

おわかりでしょう、ユダヤ人には、『何かが』ありますよ。だから、わたしには生理的に堪えられないのです。[*31]

この場合、嫌悪の感情を支える判断が理由として不合理だというより、自分の感情に理由を与えること自体が放棄されています。「なぜユダヤ人が大嫌いなのか」と聞いて何らかの理由が返ってくるなら、その判断の誤りを指摘したり、確証バイアスの危険について教えたりする余地がありますが、「生理的に堪えられない」と言われると、もはや話の余地がありません。もし「おわかりでしょう、ユダヤ人には、『何かが』ありますよ」と言う人に、「何があるんですか」「なぜ、それがユダヤ人を大嫌いになる理由になるのですか」と質問をしたならば、ユダヤ人の味方だとみなされ、攻撃されるかもしれません。ユダヤ人差別が蔓延している状況のなかでは、この発言は、判断の合理性によって感情の妥当性を問うような通常の営み自体を拒否しろと、暗に、聞き手に要求していると考えられます。差別する側が自分には仲間がいる、自分と同じ差別的な意図や感情をもつ集団があり、それが社会の正統派であるはずだと考えているわけです。この場合、具体的な内容に言及せずとも「（お前が敵でないのなら）わかるはずだ」というのが隠れたメッセージになっています。サルトルはこう言っています。

「わたしは、ユダヤ人が嫌いだ」という言葉は、グループを作って言われる言葉である。それを口にすることは、ある伝統に、ある共同体、とるに足らぬ人々の伝統と共同体に結びつくことなのである。*32

＊30　偏見研究の心理学の古典的名著のなかで、オルポートは、「ふつうの予断的な誤り」と「偏見」との違いについて、次のように述べています。「かりに、人が新しい証拠に基づいて自分の誤った判断を修正することができるなら、その人は偏見がかってはいない。予断は、新しい知識が現われても、それが改められない場合にのみ偏見となる。たんなる思い違いとは違って、偏見は、自分にあわない証左とあれば、進んで拒む。ある偏見が矛盾をつかれて危機にさらされる時には、感情的になりがちである」（G・W・オルポート『偏見の心理』原谷達夫・野村昭訳、培風社、1961年、8頁）。

＊31　サルトル『ユダヤ人』、5頁。

以上のように、嫌悪の感情が不合理な判断に支えられていたり、まったく理由なく感情を共有するように強要したりするという心理状態を、差別の悪質さの由来として考えることができます。[*33] しかし、ここで注意したいのは、感情そのものが悪いというのではない、ということです。どういう判断がその感情の理由にあるのかによって、正当な憎しみの感情を考えることもできるでしょう。たとえば、自分に暴力を振るってきた相手に憎しみをもつことも悪いのだ、あるいは好意をもて、というのは明らかに行き過ぎでしょう。

対等な人格として尊重していない

心理状態説は、差別の悪質さの根拠を心の状態に求める説です。しかし、心理状態といっても、敵意、嫌悪の感情、不合理な判断はどれも異なる状態です（異なるがゆえに、相互に関係し合って複雑な心の深みを作ることができます）。とはいえ、これらの心理状態はどれも差別を悪質にすると言われる限り、何らかの共通点もあるように思われます。

一つの考え方として、これらの心の状態に基づいて差別行為がなされるとき、行為者は、相手を対等な人格として尊重していない、というものがあります。差別する側の心の問題とは、差別される側を自分と対等な人格として認めず、軽視したり貶めたりしている点にある、と心理状態説を概括することが可能かもしれません。

実際、先に見た西光は、「賤視観念」ということで、被差別部落出身であるという理由で劣った人間として貶めようとする意図を問題にしていました。サルトルが考察した反ユダヤ主義者の場合でも、ユダヤ人であるという理由でさまざまな悪い性質が帰属され、それによって嫌悪の感情をもつことが合理化されていました。結局は、対等な人格として尊重する必要はない、という結論が用意されていると言えるでしょう。

ユダヤ人が橋をつくれば、この橋はユダヤ的であるから、最初のアーチから、最後のアーチまで、一つのこらず不良である。[*34]

ユダヤ人に対しては単に嫌悪の感情が抱かれているだけでなく、「ユダヤ的」であることがその作品をも劣ったものにしています。ユダヤ的であることが対等な人格（この場合、作り手）

＊32　サルトル『ユダヤ人』、21頁。このように、「何かがある」といった仄めかしを通して「仲間」に呼びかける方法は、主に人種差別的なプロパガンダの手法の一つで「犬笛（dog whistle）」として分析されています。

＊33　佐藤裕は、石原慎太郎の「三国人」発言を例にして、このような「わかる人にはわかる」というメッセージを「同化メッセージ」として分析しています（佐藤裕『差別論』、明石書店、２００５年、１０３-１０７頁）。

＊34　サルトル『ユダヤ人』、35頁。

であるという前提を掘り崩してしまうのです。

「対等な人格として尊重する」という考えは、そのままだとスローガンで終わりそうなので、きちんと考えなくてはなりません。「尊重」は、英語で言えば、respectです。英語のrespectという言葉には日本語の「尊敬」という意味も含まれています。尊敬には相手を上に見て「敬う」が含まれるのに対して、尊重というと、相手を自分や他人と対等な人格として扱うという意味になります。差別の文脈で「尊重」と言うときには、後者の意味です。

対等な人格としてフラットに尊重するということは、「人間みんな同じだ」という思想とは違います。対等というのは、それぞれの人間は別の存在だという前提のもとでの人間間の関係を言います。別々の存在だという点に「人格」という言葉を使うポイントもあります。人格とは、「人間みんな同じだ」という場合のように同質な存在ではなく、それぞれ固有の利害関心をもった主体のことです。対等な人格として尊重するというのは、相手に固有な利害関心を、自分やそれ以外の人と同等の重みをもつものとして尊重することを意味します。これは、人と人のあいだの関係に求められる最低限の態度といってよいでしょう。

「利害関心（interest）」と言うと日本語ではお金のイメージもあってドライに聞こえるかもしれませんが、差別の哲学では、その人にとって重要であったり大切であったりする事柄を全体として指しています。差別とは何かという問いに対する標準的な答えとして、ある特徴に基づいて一方の集団に不利益を与える、というものがありましたが、「不利益」は物質的不利益だけでなく、心理状態説では、この意味での利害関心を蔑ろにされることなども含まれます。固有な利害関心をもった人として尊重されることは、物質的利益とは別の水準で重要性をもっています。次のような例を考えてみましょう。

Ｓは近所のラーメン屋Ｍに入ろうとしたところ、外国人であることを理由に入店を拒否された。その後、Ｓが少し離れているがいちばんのお気に入りの別のラーメン屋Ｎで食べている最中に、ラーメン屋Ｍは強盗に入られ、客は全員殴られて財布を巻き上げられた。Ｓは入店拒否のおかげで無傷で済み、一円も奪われずに済んだ。

この場合、Ｓは物質的不利益という意味では、むしろ入店拒否されてよかったと言えるかもしれないでしょう。けれども、ラーメン屋Ｍでラーメンを食べたいというＳの利害関心は、外国人であることを理由に、無視されています。このように、利害関心をそれ以外の人と同様の重みをもって考慮されないことは、物質的不利益につながらなくても、やはり、ある特徴に基づいて一方の集団に不利益を与えるという差別の一部だと言えるでしょう。

相手を対等な人格（存在）として尊重するという態度が重要であることを否定することはできないでしょう。むしろこのような態度こそが、さまざまに重要な事柄があるなかで、人間にとって最も重要だとさえ思えます。そして、心理状態説は、差別が悪いのは何よりも、差別者にこうした態度が著しく欠けているからであると言います。この点もまた、否定することは難しいのではないでしょうか。

このように、心理状態説には、私たちにとって重要な態度に焦点を当てて差別を考える点で説得力があります。しかし、差別を心の問題に縮減してしまうことに対しては、批判もあります。次に、心理状態説の利点と難点を見ていきましょう。

心理状態説の利点と難点

(1)心理状態説の明快さ

心理状態説の利点は単純さとわかりやすさにあると言えるでしょう。

まず、心理状態説では、差別する側／される側がどんな境遇にあろうが、それらは差別の悪には関係がありません。成功した女性が性差別に反対する意見を述べると、経済的に貧困で社会的な発言力もない男性が、自分のほうが惨めな境遇にあるとして、こんなに富も地位もある女性が差別される側で、自分が差別する側だと言われるのは納得いかない、といった反応がしばしばあります。しかし、この女性が「女のくせに」という言葉を投げつけられるとすれば、この人は女性であるという特徴ゆえに明らかに（男性はされない仕方で）見下され、差別されていると言えるでしょう。社会的な地位の高い人が、恵まれない境遇にいる人によって差別されうること、そしてその差別が悪質であることを、心理状態説は簡単に説明できます。相手を対等な人として尊重していなければ差別だと言ってよいからです。

また、差別する側の心理状態だけが問題なので、ある場面で差別されている人が、別の人々に対して差別者でありうるのも当然です。たとえば、黒人がアジア人に対して敵意をもって不利な扱いをすれば、それだけで悪質な差別になります。差別される人が恵まれた境遇にあるかどうかとか、差別する人が別の場面で差別されている側の人かどうかなどはすべて、心理状態にとって外在的な要素だからです。

心理状態説では、行為の結果や効果も差別の悪にとっては関係がありません。たとえば、第1章で論じたアファーマティブ・アクションと典型的な差別の違いを、心理状態説は最も明快に説明することができると言えるでしょう。アファーマティブ・アクションは、不利益を被る人々（たとえば白人や男性）に対する敵意、嫌悪感、不合理な判断などには基づいていないからです。したがって、心理状態説からすれば、アファーマティブ・アクションは、白人男性にとってどれほど不利益が大きくても、悪質な差別ではありえません。

さらに、実際に不利益がもたらされなかったとしても、いわば「不成功」に終わった差別でも、その行為が差別的意図に基づいていたというだけで、その行為（者）を「悪い」と言えます。たとえば、相手が気付かなかったために、直接的に相手に悪影響を及ぼさなかったような差別の悪質さも、心理状態説ならば明快に説明できます。

心理状態説では、考えるべき要素が少なく、あるいは切り詰めて言えば、心の状態だけを考えればよいわけです。このシンプルさは、心理状態説の大きな魅力だと言えるでしょう。差別に限らず何かを説明する上で、その説明が単純であることは、それ自体が利点になります。一つか二つの基本的な要素だけで説明できるとすれば、他の要素を除外してかなり簡単に答えを出せるからです。

とはいえ、説明対象がそもそも複雑であり、単純化を拒むような場合には、説明の単純さは難点にもなりえます。次に、心理状態説への重要な批判を見ましょう。

(2)間接差別と統計的差別が提起する問題

まず、最も重要なことですが、差別は必ずしも、敵意、嫌悪感、不合理な判断などに基づいているわけではありません。また、本人が「そんなつもりはなかった」と言うこともよくあります。この場合、心理状態説は本人の自己申告を覆すことは難しいでしょう。他人の心のなかは外からはわからないので、表に出てきた言動などから推測するしかありません。そして、本人が「そんなつもりはなかった」と断固として言っている場合、外側からの推測に基づいてそれを否定することは簡単ではありません。本人が「そんなつもりはなかった」と言いさえすれば悪質な差別ではないとするのでは、かなり多くの典型的な例を取りこぼすことになってしまいます。

次に、単に本人が「そんなつもりはなかった」と言っているだけでなく、敵意、嫌悪感、不合理な判断のような問題のある心理状態をまったくもたずに差別が行なわれるケースもあります。それは、「間接差別」や「統計的差別」と呼ばれる事例です。

間接差別というのは、結果的に特定の集団の人々に不利益を与えるような選別や区別であるにもかかわらず、その特定の集団の人々の特徴に基づいておらず、また、その人々をターゲットにしているわけでもないような行為を指します。次の例を見てみましょう。

ある会社が、仕事の募集要項に身長１７０センチ以上という条件を付す。その理由は、工場の機械操作に一定の身長が必要だからだ。求職者のうち女性は80％以上が排除されるが、男性の多くは条件をみたす。

この雇用方針は、女性の多くに不利益を与えていますが、雇用の基準そのものは身長であって性別ではありません。会社の意図は、工場の機械操作に適した人材を雇おうというもので、女性を排除しようという意図はまったくなかったとしましょう。特定の集団に不利益を与えることを意図しておらず、その集団の人々の特徴に基づいてもいないだけでなく、選別の目的と評価の仕方は正当であるという点も加えてもよいでしょう。実際そういうケースは存在します。

こうした間接差別は、敵意、嫌悪感、不合理な判断のどれにも基づいていませんので、心理状態説では悪質な差別には該当しないことになります。実際、「差別は心の行為」だとするガルシアは、「間接差別」は悪質な差別ではないと結論付けています。行為者の心理状態に基づかない限りは、仮に不平等な結果がもたらされるとしても、それだけでその行為を悪質な差別と呼ぶべきではない、というわけです。[*35] しかし、この説明は説得力があるでしょうか。心理状態説は、単純さが強みなのですが、その単純さを維持するために、本来説明すべき事柄を切り捨ててしまっているのではないでしょうか。

もう一つの「統計的差別」は、差別とされていますが、すべてが悪質と言われるわけではなく、許容されるものと許容されないものがあるとされています。

具体例から考えたほうがわかりやすいかもしれません。たとえば「旅客機パイロットの定年を55歳とする」とか「若者の（または高齢者の）事故率が高いという理由で、自動車の任意保険料を上げる」といった方針があります。パイロットの定年を年齢で区切っているのは、安全な操縦のために必要な反射神経や視力などが年齢に応じて衰えていくという統計があり、個々人を検査するのはコストがかかるので、年齢を代わりに使っているのです。自動車の任意保険料が年齢で変わるのも同じです。事故を起こすかどうかは結局個人差がありますし、事前に誰が事故を起こすのかはわかりません。ですので、統計的に見て若者（また高齢者）の事故率が高いことが分かっているとき、統計に基づいて保険料を変えるわけです。以上のような統計的差別は許容可能だと言われています。

しかし次のような例はどうでしょうか。

ある会社が女性の求職者を、女性のほうが男性よりも子育てに時間を割きがちで、育児休業取得率が高いという統計を理由にして採用しない。

これは悪しき統計的差別の典型だとされるものです。しかし、会社の立場からすれば、合理的な理由があると言えるでしょう。従業員が途中で一定期間の休業を取るよりは、取らないほうがコストを削減できるからです。ここで、「女性である」という特徴は、育児休業を取る確率が高い人という別のカテゴリーの代わりに使われています。会社側には女性に対する敵意や嫌悪はなく、また誤った認識に基づいているわけではないとすれば、心理状態説ではこのような例も取りこぼすことになってしまいます。

では、育児休業取得率という基準を用いて女性に不利益を与える選別の何が問題なのでしょうか。身長１７０センチや育児休業取得率もたしかに会社の利益に関係する特徴や行動ですが、パイロットの定年や車の任意保険料の年齢による査定と、どこがどう違うのでしょうか。

＊35　Garcia, J. L. A. "Discrimination and Virtue," in: Kasper Lippert-Rasmussen (ed.) *Routledge Handbook of the Ethics of Discrimination*, Routledge, 2018, 180.

ここでは重要な点を一つ確認しておきましょう。そもそもこれらの基準の背景に差別があり、この背景を無視することが差別を永続化させるという点です。

そもそも、ある機械や機器が、身長170センチ以上の人が操作しやすいように設計されているのはなぜでしょうか。これは米国の例ですが、男性の平均身長は175センチくらい、女性は162センチくらいです。労働者に女性が多ければ機械の高さは違っていたはずです。[*36] つまり、この一見中立的な身長基準は、労働者＝男性という考え方の結果を反映しているのです。したがって、この基準を用いて女性を排除することに何の問題もないとすることは、労働者と言えば男性だという考え方を温存し永続化することになります。

育児休業取得率は、もっとストレートに差別を反映しています。男性よりも女性のほうが育児休業を取得する率が高いのは、「男は仕事、女は家庭」という考え方や慣行が背後にあるからなのは明らかです。[*37] だから、育児休業取得率に基づく女性の不利益扱いを黙認することは、差別に加担することになります。また、次のような悪循環もあります。女性の育児休業取得率（や第一子出産後退職率など）に基づいて女性を不利に扱うことが、女性の昇進を困難にするなど、職場から女性を排除する圧力として作用し、働きづらいと感じた女性のほうが育児休業を取得したり退職を促される、そしてこの個々の選択が全体として統計的な結果に現れ、そしてその統計に基づいて……以下同様、という悪循環です。[*38] このように、（一見中立的に見える）統計が男女差別的な社会のあり方を反映したり、そればかりか、その社会のあり方を維持することに関与していることがあるわけです。

（3）拡大された心理状態説？

間接差別や統計的差別は、敵意、嫌悪感、不合理な判断のどれにも基づいていないので、心理状態説では悪質な差別には該当しないことになります。しかし、こうした差別を分析してみればこれらの問題点はわかりますし、その問題点を認識すればこれらの差別をやめることもできるでしょう。すると、こういう「無知」も心理状態だとして、拡大された心理状態説を構想することもできそうです。

しかし、これらもすべて心理状態だと言ってしまうことには問題があります。というのも、

＊36　Halldenius, Lena. "Dissecting "Discrimination"," *Cambridge Quarterly of Healthcare Ethics* 14(4), 2005.

＊37　たとえば、２０１６年度の内閣府男女共同参画局の調査によれば、６歳未満の子どもを持つ夫婦の育児・家事関連時間は、全体では、女性が４５４分（約７時間半）であるのに対し、男性は83分（１時間半弱）となっています。夫婦が共働きの世帯だけを見ても、女性（妻）が６時間10分に対して、男性（夫）は１時間24分と、妻が夫の４倍以上、育児・家事労働を行なっています。（「平成28年社会生活基本調査」の結果から——男性の育児・家事関連時間」内閣府男女共同参画局）

＊38　分かりやすい説明として、たとえば以下を参照。野崎綾子『正義・家族・法の構造変換——リベラル・フェミニズムの再定位』、勁草書房、２００３年、第一部。

身長170センチという基準や育児休業取得率には、社会構造や社会的に共有された考え方、文化などに埋め込まれた価値観、それに影響された多くの人々の行動などが反映されているからです。心理状態だけを矯正しようとすることは無益であり、社会的な変革が伴わなくてはならないのは明らかだからです。

ここで、98ページに挙げた西光の言葉にあった「指四本」というジェスチャーを思い出してみましょう。そこでは、「侮辱的の意志」という言葉に着目し、心理状態説のなかでも敵意に差別の悪質さを認める立場から西光の言葉を解釈しました。しかし、より厳密に考えるなら、中指を立てるジェスチャーと同じく、このジェスチャーが侮蔑や見下しになるためには意図だけでは不十分です。社会的・文化的に共有された価値観とそれに基づく行為がたくさん存在していることが必要です。このジェスチャーは、被差別部落出身者がさまざまな場面で差別を受けている（受けてきた）ことを象徴しているからです。西光の言葉もこの意味で受け取り直す必要があるでしょう。本書では、こうした行為を考察するためには、心理状態説だけでなく社会的意味説の観点を取る必要があると考えています。

以上のように、心理状態説には説得力はありますが、いくつもの問題が指摘されています。では、差別の悪質さに関するもう一つの候補はどうでしょうか。それは、差別がもたらす害に着目する立場です。たしかに差別は、ほとんどの場合、差別される人々を大きく傷つけ、さまざまな意味で害を与えます。害に着目する立場は、差別する側ではなく差別される側に定位するという点で、心理状態説の対極にありますが、一定の説得力はあります。

害が大きいから悪いのか（害説）

第1章で見た「差別の不利益テーゼ」によれば、差別は、何らかの特徴に基づいて人々を区別し、他方と比較してその一方のみに不利益を与えることでした。しかし、「不利益」という言葉はかなり広く使えるものです。差別にとって重要な意味をもつ不利益とは何のことか、問う必要があります。

一つの有力な考え方が、不利益を「害」と捉える説です。差別される人々にとって「害」があるのは当然だと思われます。害説はこの当然の直観に合致しているように思われます。しかし、ある説が直観的にそのとおりだと思えることと、その説が正しいこととが必ず一致するわけではありません。きちんと考察してみれば、当初の直観とは異なる結論を受け入れざるをえなくなることもありえます。ここでは、害があるから差別は悪い、という考え方が、差別はなぜ悪いのかという問いに適切に答えているのかどうかを、三つの論点から吟味してみましょう。この三つの論点は害説の代表的論者であるカスパ・リパト＝ラスムスンが挙げているものです。[*39]

一つ目に、差別が害を与えるということを、差別される人の状態を悪化させることだと解釈することと。この解釈自体はおかしなものではないでしょう。ところで、「悪化」するということは、何かと比較してより悪くなる、ということを意味します。差別の場合には、差別がない状況が基準になり、差別がこの基準よりも、その人の状態を悪化させるというのが一つの考え方です。このとき「差別がない状況」というものをどう考えればよいでしょうか。これが考えるべき論点になります。

二つ目に、その人の状態を悪化させるとして、その人の状態を「全体として（overall）」悪化させているのか、または、部分的にでも悪化させていれば害があると言えるのか、という害の範囲も重要になります。たとえば、事故で骨折してしまったので旅行に行けなくなったとしましょう。家でゲームをしていたら自分が搭乗するはずだった飛行機が墜落して、乗客全員が亡くなってしまったというニュースが飛び込んできたとしましょう。この人は、骨折したことで部分的には害を被っていますが、「全体として」はむしろ骨折してよかったと言えるかもしれません。しかし、もし仮にこの人が事故で骨折したからではなく、人種を理由に搭乗拒否されていたのであれば、差別の問題になるでしょう。搭乗拒否された飛行機が墜落してしまった場合、「全体として」はむしろ搭乗を拒否されて良かったことになると言えるかもしれませんが、それで、差別の害が帳消しになるのでしょうか。これは考えるべき問題です。

三つ目に、害とはそもそも何か、という問いに対してもいくつかの考え方があります。最もわかりやすいのは、本人が実際に感じる苦痛だとする立場です。他方、本人が何も感じていなくても、いわば第三者から見て害を被っていると言える、という立場も考えられます。たとえば、あなたの友達が在日コリアンだとして、その友達について在日コリアンであることを理由にした悪口を言っている人たちがいるとします。あなたの友達が、そのことにまったく気がついていなければ、何の問題もない、と思うでしょうか。もし、このような陰口を言っている人たちのことを悪いと思ったり、親友に何か伝えなくてはと思ったりするのであれば、問題がそこにはあるはずです。本人は何も気がついていないけれども、第三者から見ると害されているという局面もありうることがわかります。その場合、害とは単なる主観的感覚には汲みつくされず、客観的に人が害されていると言うべき状態や出来事を特定できるとも考えられます。

一つずつ見ていきましょう。

差別がない状況とは

一つ目の論点は、差別とは差別される人の状態を悪化させることだとして、その状態は何と

＊39　Lippert-Rasmussen, Kasper. *Born Free and Equal? :A Philosophical inquiry into the Nature of Discrimination*, Oxford University Press, 2014, 157-162.

比べて悪化しているのか、という問いに関わります。

第一に、他人と比較して悪化しているという考えがありえます。たしかに、不利益テーゼによれば、差別は人々の間に区別を付け、一方の人々だけに不利益を与えることなので、この人々は他方の人々よりも不利な状況に置かれることがほとんどです。しかし、比較対象となる他人がいなくても、差別が本人の状態を悪化させていると言えそうな場合があるのです。

【2人だけのケース】　AとBの2人しかいない状況で、Aは(なぜか)あり余るほどに食料をもっているが、もう1人のBはもっておらず、空腹である。AはBと人種が違うことを理由にして、食料を分けてあげない。余った食料を捨ててしまう。

【3人のケース】　今の例に加えて3人目のCがいるとする。BとCは異なる人種である。AはCには食料を分けてあげるが、Bには人種を理由として分けてあげない。

【3人のケース】でのAの行為は明らかに差別だと言えると思われます。Aは、人種を理由に、Cに対してしてあげていることをBに対してはせず、Bのみに不利益を与えているわけです。では、【2人だけのケース】ではどうでしょうか。この場合は、同じように人種を理由にBに食料を与えないわけですが、Bと比較すべき他人がここにはいません。それゆえ、差別は、人の状態を他人と比較して悪化させるという考え方からすれば、2人だけのケースはBに害を

与えていないことになってしまいます。しかし、人種を理由にして害を与えることが差別なのであれば、【3人のケース】でも【2人だけのケース】でもAの行為は差別だと言えるはずです。Cという人物が加わるだけで、同じ理由に基づく行為が差別になったり、差別でなくなったりするのはどこかおかしいように思われます。[*40]

すると、第二の候補として、「本人にとって差別がない状態」に比べて悪化している、という基準が考えられます。Bの状態は、他の人の状態に比べて悪化したのではなく、人種を理由とする行為（余った食料を捨ててしまうこと）がなかったときと比べて悪化している、と考えるのです。差別がない状況と比べてその人の状況を悪化させることを「害」と考えるわけです。

ここで比較されているのは、「もし差別がなかったなら」と想定された状態と現状です。この、「もし……ならば」という想定のことを反実仮想と言います。反実仮想とは、実際に生じている現状に反する状況を仮に想定し、その想定された状態と比較して現状を評価する方法です。たとえば、登校中に事故で電車がストップしてしまい遅刻したとしましょう。このとき、あなたは「もし電車が止まっていなければ、遅刻せずに済んだのに……」と思うのではないでしょうか。このとき、「もし……ならば」の部分が反実仮想に相当します。ある出来事――多くの場合、良くない出来事――が生じてしまったとき、その現状を評価するために、もしその

＊40　Berndt-Rasmussen, Katharina. "Harm and Discrimination," *Ethical Theory and Moral Practice* 22(4), 2019.

出来事がなかったなら、という想定された状況と比較して考えてみるわけです。

全体として悪化させるのか、部分的に悪化させるのか

二つ目の論点は、差別が悪いと言うために、差別される人の状態を「全体」として悪化させている必要があるのか、特定の側面や部分だけ悪化させるだけでよいのか、でした。これについてはどうでしょうか。

差別が差別される人の状態をは、差別がなかったときに比べて悪化させていると言っても、その人の「状態」にも色々な側面があります。たとえば、経済状態、健康状態、心理状態、社会的地位、人間関係、機会や権利、等々です。これらはすべて、ある個人の全体としての状態を構成する部分的な要素だと言えるでしょう。

一方に、これらのさまざまな側面を何らかの仕方で合算して、本人の状態を全体として評価して悪化しているかどうかを考えるという方法があります。他方に、ある特定の側面だけを切り取って、他の側面は考えずに、そこだけで悪化しているかどうかを考える方法があります。前者は、健康状態は良くないけれど経済状態は非常に良いので、全体としてはそれなりに良いというような見方です。後者の考え方では、経済状態がどうかにかかわらず、健康状態の悪さはそれ自体として評価されます。

差別に関しては、特定の側面だけで考えてよいとするほうが、差別の事例を幅広くカバーできると思われます。というのも、その人の状態を全体として悪化させていると言える場合は、限られてしまうからです。ある人の状態を構成する要素には先に述べたようにさまざまなものが含まれます。これらを「全体」として悪化させなければ、悪質な差別にはならないとすると、どう見ても典型的な差別を取りこぼしてしまうのです。次の例を考えてみましょう。

上流階級の起業家が、ケーキを買いにある商店に入る。その店の店員は、この人物が黒人であるのを見て、「おまえに売るものはない、出ていけ」と言う。

この人はもちろん傷ついたり、あるいは憤ったりするでしょう。しかし、この人は成功した起業家なので経済的に非常に恵まれています。そして、この店でケーキを買えなくても、車で少し行けば別のより高級な店でもっとおいしいケーキを買うお金は十分あります。この店主の行為は明らかに差別ですが、この起業家の心の傷や怒りは、裕福さや他の機会に恵まれていることなどによってなくなるものでしょうか。この人の状態を「全体」として考えるならば、その傷や怒りは軽んじられることになりかねません。

害とは何か

最後に、三つ目の論点ですが、ここは少し詳しく見ていきたいと思います。害とは何かは、哲学では、差別にかかわらず、個人の幸福（や不幸）という一般的な話題を考えるときにもしばしば問われる問いであり、かなりの議論の蓄積があるからです。幸福と不幸を考えるときの代表的な議論の枠組みは、差別の害についての解釈にも当てはまるのです[*41]。

まず、その人が「ハッピーな気分でいる」ことこそが幸福だ、という「快楽説」の考え方があります。これは、その人自身が経験している快い心理的状態を幸福とみなす立場です。この立場からすれば、「害」とは本人が感じる苦痛になります。しかし、本人が苦痛を感じていなくても（さらには、快を感じてさえいても）、幸福ではない、さらには害を被っていると言える場合もありそうです。たとえば、ドラッグ中毒で快い状態になっている人を幸福かと問われれば、迷うのではないでしょうか。健康への副作用があるでしょうし、副作用がない場合でも、本人がドラッグを使っていないときには「薬を止めたい」と思っているなら、幸福とは言いがたいように思われます。

この人は、ドラッグを使っているときは快楽を感じていても、本当は「止めたい」という欲求をもっているとします。ドラッグを使っているとき、この人は自分の欲求に反する行為をしているわけです。この例が示しているのは、本人が実際に感じている快楽や苦痛とは別に、本人自身の欲求が実現されているかどうかも重要だという点です。欲求の実現が妨げられることを「害」と捉える立場は「欲求実現説」と呼ばれます。

けれども、本人の欲求自体が歪んでしまっている場合はどうでしょうか。どう見ても劣悪な状況なのに、状況に適応してしまい、歪んだ欲求の充足で満足してしまって、苦痛も感じていないという場合です。こうした状態は、「幸福な奴隷」や「満足した主婦」といった言い方で話題になっています。注意してほしいのは、この問題が論じられるときには、本人の主観的状態にかかわらず、第三者的な視点からその人の欲求の歪みが指摘されているということです。このときには、幸福な状態について客観的に評価できるという考え方が入ってきています。幸福な状態を客観的に評価するための項目をリストアップできるという立場は「客観的リスト説」と呼ばれます。

害を苦痛と考えるのか（快楽説）、本人の欲求が実現されていないこととするのか（欲求実現説）、本人の主観的な感覚や欲求とは別のところに基準があると考えるのか（客観的リスト説）は、差別の悪に関する害説にとっても重要性をもちます。

＊41　幸福に関わる哲学的議論については、森村進が詳細に、しかもわかりやすく論じています。森村進『幸福とは何か――思考実験で学ぶ倫理学入門』、ちくまプリマー新書、２０１８年。

害は苦痛なのか

まず、「ハッピーな気分でいる」ことこそが幸福だとする快楽説は、差別の害の説明として妥当かどうかを吟味してみましょう。たしかに、差別を被ることには、気分を害されるどころか、多大な苦痛が含まれることが多く、その苦痛は時として耐えがたいものになり、精神的に追いこまれることもあります。まったく心理的な苦痛のない差別というのは奇妙に聞こえるでしょう。

けれども、典型的な差別と思われる事例のなかにも、そもそも苦痛があるとさえ言えないケースがあるように思われるのです。先に、ドラッグ中毒で快い状態になっている人を幸福と言えるか、という問いを出しましたが、差別についての議論ではたとえば以下のような例があげられます。

あるクラスに知的障害の子がいる。周囲の者は、その子の容姿や様子をバカにしてあざ笑っている。この子は、自分がからかわれていることがわからず、みんなが笑っているのを見て元気になる。周囲はそれを見てさらに爆笑する。この子は、周りの人が楽しんでいると思ってさらに嬉しくなる。[*42]

胸が苦しくなるような悲しい例ですが、残念ながら実際にあります。この周囲の者たちのふるまいは差別的だと言えるでしょう。しかし、もし害を、本人が実際に感じている苦痛に限定してしまうなら、このようなケースは説明できなくなってしまいます。このケース自体は少し特殊に見えるかもしれませんが、一般的な問題として言えば、「気付かれなければよいのか」という問題だと言えるでしょう。

このケースからわかるのは、本人が気付いていなくても、あるいは、本人が実際に苦痛を感じていなくても、特定の人々への差別だと言えるようなものがある、ということです。もし、差別においては、差別を受ける本人が感知していなくても、その人に大きな害を与えているのだと言えるならば、この知的障害の子どもの例も説明することができるはずです。

害は欲求実現が妨げられることか

では、本人が何も感じていないのに、差別を受ける人が多大な害を被っているとなぜ言える

＊42　この例は、以下の文献の「気付かないケース（Unaware case）」から取っていますが、表現は少し改変しています。Horta, Oscar. "Does Discrimination Require Disadvantage?" *Moral Philosophy and Politics* 2(2), 2015, 282.

のでしょうか。ここで、先の「欲求」の話が出てきます。次に「欲求実現説」について考えましょう。

ドラッグのような極端な話ではなくても、本人が苦痛などを一切感じていないにもかかわらず、害を被っていると言える場合があります。たとえば、先の例に寄せて、次のような例で考えてみましょう。

Aさんは人に嫌われたくないと思っている。周囲の人は実はAさんのことを嫌っている。しかし、Aさんはそれにまったく気付いておらず、むしろ周囲の人は自分をよく思っていると勘違いしている。

この欲求をAさんが持っているとき、Aさん自身は、周りの人たちに嫌われていることを知らないので、別に気に病んだりはしていません。さらに、Aさんは「好かれている」と勘違いして幸福な気分でいます。もちろん、Aさんが勘違いしていたとしても、ほとんどの場合、いずれ気付くでしょうし、後で気付いたときのショックはより大きいでしょう。後々のことを考えれば、Aさんの「勘違い」という状態自体が悪い状況のように見えるかもしれません。しかし、ここでは後々のことは考えないでおきましょう。

Aさんが今後も勘違いしたままで、周囲の評価に気付かなかったとしましょう。それでも、実際には、Ａさんは嫌われているので、Ａさんの欲求は実現されていません。このとき、Ａさんは「苦痛を感じている」という意味では害を受けていませんが、欲求の実現という点から見れば明らかにそれが妨げられています。欲求実現説を取るなら、このように、仮に本人が気付いていなくても、当人の欲求の実現が妨げられているならば、その人が害を被っていると言えます。

差別の話に戻れば、誰もが人から差別されたくないと思っているでしょう。これも最小限の欲求と言ってもいいと思います。ここで、本人がたとえ気付いていないとしても、実際にはこの欲求に反する事柄が起こっている場合、苦痛を感じているわけではなくても害を被っていると言えるかもしれません。欲求実現説はこのような場合を説明することができます。

しかし、欲求実現説にも難点はあります。差別されていても、差別されているという自覚がなく、何が差別かが分からなくなってしまうようなケースが考えられるからです。しかも、それは、差別に関しては例外的な話ではなく、しばしば「適応」という言い方で問題になっています。

適応の問題

差別における適応とは、本人が差別に慣れてしまって、もうそれが当然だと思ってしまっているような状況です。あまりにも差別が蔓延しているために、酷い仕打ちを受けているのに、それを普通だと思ってしまうのです。もはや痛みを感じなくなってしまっている、とも言えるかもしれません。

自分が置かれた状況に適応することは、それ自体は必ずしも悪いことではありません。たとえば幼少期の夢を、自分の能力や周囲の人との比較のなかで、成長するにつれてあきらめて、より「現実的」な目標に変えたりすることも、一種の適応と言えます。小さい頃にプロのスポーツ選手やプロの歌手になりたいと思っていたけれども、しかし、じきに限界が見えてきて、無理だとわかってあきらめた人も多いはずです。いつまでも叶わない夢を追い続けるよりも、現実に妥協するほうがよいと言える場合もあります。また、筆者の一人は、学部や大学院の時代にお金が無かったので、風呂もトイレも共同でガスも引いていない（電気と水道だけの）部屋に6年間くらい住んでいましたが、とくに不満はありませんでした。お金が無いなら無いなりの生活をして、それに慣れていくということも適応でしょう。このような広い意味での「適応」には、誰もが思い当たるところがあるのではないでしょうか。

しかし、どう見ても明らかに劣悪な状況で、他人から不当な扱いを受けているのに、それをどうとも思わなくなってしまう状態は、「本人が満足しているならいいんじゃない？」と言って済ませられないのではないでしょうか。たとえば、生まれてからずっと奴隷の状態にあって、親も含めて周りの人もそれが普通だと思って暮らしている人がいるとしましょう。この人は、奴隷状態に慣れてしまって、それが「普通」だと思ってしまい、その状態を脱したいと思わなくなってしまうのです。これは「幸福な奴隷」の事例と言われるものです。

差別的に扱われる状況に無理矢理にでも適応することでしか生き延びられない、という現実は残念ながら存在します。たとえば、W・E・B・デュボイスは、１９０３年に出された本で、軽蔑と冷笑、嘲笑と侮辱、そして「何でも黒いものならすべて軽蔑するよう教えこもうとする欲望の充満」を前にして生じる絶望と失意について、次のように述べています。[*43]

巨大な偏見に直面すれば、抑圧にはつきもので、しかも軽蔑と憎悪の雰囲気のなかでは必然的にうまれる、あの自己懐疑と自己軽視、諸理想の引き下げという現象が起るのは避けがたいことだった。（中略）われわれは文字が書けない、われわれが投票して何になろう。いつも料理人や召使として働かなければならぬのだから、教育の必要などどこにあるのか？[*44]

＊43　日本ではしばしば「ブラック企業」とか「ブラック・バイト」と言われることがあります。これは和製英語ですが、私たちはとくに疑問をもたずに「ブラックだ」と言ったりしてしまいます。しかし、このような「黒」という色のネガティブな使い方については、他の表現で言い換えられるなら言い換えるべき、という指摘もあります。「ブラック」という言葉がどういう（社会的な）意味をもつのかを、この機会に考えてみてほしいと思います。

＊44　W・E・B・デュボイス『黒人のたましい』（木島始・鮫島重俊・黄寅秀訳）、岩波書店、１９９２年、24頁。

ここでは、理想の水準が引き下げられ、文字を書きたい、投票したい、教育を受けたいといった（通常であれば、最低限の欲求と言ってよいような）欲求が形成されないように、自分を仕向けていることがわかります。

また、かつてアメリカでベティ・フリーダンは、「主婦」が経験しているさまざまな不遇感を「名もなき問題」と呼ぶことで、当時の人たちから見れば一見些細と見えたような個々の問題が相互につながって、全体として、「主婦」が抑圧的で差別的な状況に置かれているということを明らかにしました。フリーダンの議論は中産階級の白人女性にしか当てはまらないという限界はありましたが、フリーダンが「名もなき問題」と呼んだのは、日常的に何となくおかしいと思っていても、本人たちが本当のところ「何がおかしいのか」がわからず言葉にできないという状況でした。むしろ、漠然とした不満を感じても、それは自分のせいかもしれない、自分が高望みしすぎているのかもしれないとして、自分自身を責める女性たちも多かったのです。

もちろん、フリーダンが登場する以前から「主婦的状況」をはじめとして女性が置かれた全般的な状況の「おかしさ」を強く訴えてきた人はたくさんいました。しかしそれが多くの人々に共有されるのには時間がかかりました。

フェミニズムがはじめた重要な活動で、「コンシャスネス・レイジング」というものがあります。この活動は、日常的なさまざまな違和感を経験する人たち――女性たち――が集まって、それを自由に語り合うことで、「女性とみなされる」ことに関連して被るさまざまな不利益や問題を性差別の問題として言葉にして自覚し、それに対抗していくための知識や力を培うミーティングです。コンシャスネス・レイジングは直訳すれば「意識を高める」という意味です。こうした活動やプロセスは、障害者差別に対する障害者当事者の運動にとっても非常に重要です。[*45]なぜかと言うと、あまりにも社会全体の価値観が差別的だと、当の差別を受けている人々もその価値観を内面化してしまい、それに違和感を覚えながらも、なんとなく受け入れていくことがあるからです。たとえば、障害をもっている人が、障害者なんだから「健常者」と同じように暮らせないのは仕方がないと思ってしまうことなどです。

こうした適応の状況は、害の欲求実現説では説明することができません。

客観的リスト説

こうしたケースに対応するために、害を評価する基準を、本人の主観的な苦痛でも欲求でも

＊45　日本の障害者運動は、1970年代にすでに画期的な主張を展開しました。なかでも最も重要な役割を果たした脳性マヒ者の団体「青い芝の会　神奈川県連合会」のリーダーの一人に横田弘氏がいます。荒井裕樹は、横田氏の思想の核心が、差別されているという「自覚」にあったということを詳しく論じています（荒井裕樹『差別されてる自覚はあるか——横田弘と青い芝の会「行動綱領」』、現代書館、2017年）。

ないところで考えるというやり方があるかもしれません。つまり、十分に理解力があり、情報を得たならば、誰もがもつと言えるような欲求があるとみなして、それを基準にして欲求の実現を問題にするというやり方です。

この場合、「幸福な奴隷」や「満足した主婦」の人たちは、教育の不足やエンパワーメントの不足、文化的イメージなどによって、差別されているのにそれがわからない状況に陥っていると考えられます。たしかに、この人々に、仮に十分な情報が与えられ、正不正についての判断力も妨げられなければ、自分の置かれた境遇を明らかにおかしいと考えるはずだと思われます。

注意したいのは、このように考えたとき、人間ならば誰もがもつはずの欲求と呼んだものは、もはや各人の主観的状態にはとどまっていない、ということです。「差別されないという状態」は単に個々人に浮かんだ欲求の実現というよりも、そもそも、人間ならば誰にとっても望ましい状態だと言ったほうが良いかもしれません。差別されないという状態に限らず、人間である限り、誰にとっても望ましい機会、選択肢、状態というものがそもそも存在している、と考えるのです。

こうした考え方は、苦痛や欲求などの主観的なものとは別のところに、望ましい人間の状態を設定し、そのために必要な条件や構成要素をリストアップすることから「客観的リスト説」と呼ばれています。人間にとって望ましい状態の構成要素としては、たとえば、健康や富、理性的な能力や人間関係（尊重されていること）、開かれている機会などさまざまなものがありえます。そのどれがどれくらいの重要性をもつのか、については色々な議論がありますが、この客観的リスト説から見れば、望ましい状態を構成するリスト項目の中身が差別によって制約されたり否定されたりしているならば、その人は害を被っていると言えます。

害説の利点と難点

(1)害説の明快さ

害とは何かについての三つの立場を見てきましたが、害説の利点をあらためて考えてみましょう。害説には、差別の悪に関する説明として直観的にわかりやすいというメリットがあります。たしかに、ほとんどの悪質な差別には、差別される人を傷つけたり苦痛を与えたりすることが含まれるでしょうし、「学校に行きたい」という欲求を人種や性別を理由に実現できない状況があるとすれば、まさにこれは差別だと言いたくなります。また、人間であれば誰にとっても望ましい状態があるという考えは、酷い扱いをされたときに「私だって人間なんだ」と訴えたくなるときの直観に沿っているように思われます。

害説のメリットは、心理状態説ではネックとなった間接差別や統計的差別の悪を説明するのに有効である点にも現れています。害説では、差別者の意図や信念がどうであれ、また統計という合理的に見える根拠に基づいていても、結果としてそれが特定の特徴に基づいて人々に不利益を与えていて、害があるならば、悪質な差別だと言えます。それゆえ、間接差別や統計的差別についても、シンプルにその悪質さを説明できます。

(2)害なき差別の存在

しかし害説についてもさまざまな問題点が指摘されています。

害説に対する代表的な批判に、害なき差別や、それどころか利益を与える差別の事例に基づくものがあります。害に基づく議論は、害がある限りで、または害が大きい限りで（より正確には、差別がない場合に比べて害がある限りで）、悪いという立場でした。しかし、もし害がない（または少ない）けれども明らかに差別だと言える事例があるとすれば、どうでしょうか。もっと も、「害がない」または「利益を与える」差別なんてあるのだろうか、と思われるかもしれません。次のようなケースを考えてみましょう。

アレックスは女性哲学者である。彼女の同僚は男性で、週明けに提出する論文を抱えており、週末に読んでくれる人を探している。しかし男性の同僚は誰もおらず、アレックスしかいないことに気づく。この同僚は、女性は能力が低いと信じており、アレックスには依頼しない。アレックスは週末をビーチで楽しむ。*46

第三者でもアレックスさん自身でも、この同僚の性差別を正しく非難できると思われます。しかし、アレックスさんは苦痛という意味でも、欲求実現という意味でも害を被っているとは言えないでしょう。ビーチで休暇を楽しんでいるので快楽を得ているでしょうし、休暇を割いて他人の論文を読みたくないという欲求も実現されていると考えることに無理はないでしょう。もっとも、害に関する客観的リスト説の立場からは、たとえば「信頼されない」「軽視される」という（人間である限り、誰にとっても望ましくない）害がある、と言えるかもしれません。しかし、仮に客観的リスト上で害があると言えるとしても、アレックスさんはビーチで休暇を楽しみたいという欲求を実現し、かつ快楽を得ていますので、この快楽や欲求実現との関係で、この害がどのように評価されるのかという問題が残るでしょう。

アレックスさんのようなケースについて、「こんな例は実際にはほとんどないのではないか？」と疑問をもつ人もいるかもしれません。しかし、利益を与える差別に基づいた害説への批判は、奇抜なケースに基づく机上の空論ではありません。上記のような例に基づく批判は、身近な例に置きかえて考えることもできます。

＊46　Berndt-Rasmussen, Katharina. "Harm and Discrimination," *Ethical Theory and Moral Practice* 22(4), 2019. 888. 文章は改変しています。

デボラは主婦として子どもを育てている。彼女の親は、「女性には勉強なんて向いていないし、知識なんて要らない」と考えており、デボラには大学に入学するのを勧めず、また、彼女の先生も同じように言っていた。デボラ自身も、大学に行くことは考えず、早く結婚できることを望んでいた。彼女は、今、結婚して幸せに暮らしている。

このとき、デボラさんはアレックスさんと同じように、快楽という意味でも欲求実現という意味でも利益を得ていると言えるでしょう。親や教師の勧めに従ったことで、デボラさんの状況は希望どおりのものになったのだから、それで問題ないと感じる人も少なくないでしょう。この直観は根強いと思われます。しかし、女性だからというだけの理由で教育や知識へのアクセスを制限するという意味で、親や教師が性別に基づく差別をしているのはたしかです。このようなケースはかつてよりは減っているとはいえ、今でも決して消え去ったわけではないでしょう。それゆえ「害なき差別」と呼ばれるに値するように思われます。害説ではこうした「害なき差別」を差別の問題として扱うことができません。

（3）客観的リスト説は本当に害説なのか

害説にとどまって、デボラさんへの差別を客観的リストに基づいて考えるという方向性もあるにはありえます。つまり、デボラさんへの「害」を、その人が感じる苦痛や欲求の妨げとしてではなく、個々人の人生にとって客観的に見て重要な要素が傷つけられることとして捉えるわけです。たとえば、教育へのアクセスを制限されない、というのは人生にとって非常に重要な要素に関わっています。デボラさんは女性であるがゆえに、大学進学という選択肢を勧められませんでした。本人も大学進学を望まなかったとはいえ、親や教師は、女性を男性と同じように人生を構想できる存在として対等に見ていません。こうした点に、親や教師のデボラさんに対する行為の特別な悪質さがある、と言うことができるかもしれません。

しかし、こうした客観的リスト説を突き詰めていくと、もはや「害」という言葉は必要なくなるように思えます。本人が何を感じていても（感じていなくても）、人生にとって重要な構成要素が欠けているから悪いと言えるならば、本人への影響を「害」という言葉を使って考える必要はなくなるように思えるからです。たとえば、教育へのアクセスを権利と考え、それを阻まれることをこの権利の制約と見なせば、害という言葉なしに、差別の悪質さを考えることができます。

次に見る自由侵害として差別の悪を考える立場は、この方向性の議論とみなすことができます。人間にとって重要な事柄を「権利」として、その権利を侵害するから差別は悪いと考えるわけです。自由侵害説では、差別の悪の根拠は、本人に経験される苦痛や、本人が持っている欲求の挫折とは独立したところに求められます。[*47] たとえば、デボラさんに対する親や教師の言

＊47　Arneson, Richard. "Discrimination and Harm," in: Kasper Lippert-Rasmussen (ed.) *The Routledge Handbook of the Ethics of Discrimination*, Routledge, 2018, 160.

動も、女性だからという属性にとらわれずに人生の選択をする当然の自由を侵害している、というように考えるわけです。

自由を侵害するから悪いのか（自由侵害説）

日本では差別を人権侵害として捉えるのはとてもポピュラーな考え方の一つです。「人権週間」や「人権啓発」といった言葉遣いはそのことを象徴しているでしょう。たしかに、国連の人種差別撤廃条約（１９６５年）第一条一項では、人種差別は「人権及び基本的自由」を「享有し又は行使することを妨げ又は害する」こととされています。この定義に従うならば、差別の悪質さを、人権や基本的自由の侵害に見ることは自然です。

この条約では、人権と基本的自由が侵害されるべきでないものとされていますが、では、人権と自由の関係はどうなっているのでしょうか。一つの考え方が、世界人権宣言の第三条「すべて人は、生命、自由及び身体の安全に対する権利を有する」に見出されます。ここでは、人権のなかに自由への権利が含まれています。

差別の哲学においても、人権侵害のなかでも特に自由への侵害に差別の特段の悪質さを見出す重要な議論があります。まず、次の物語を読んでみてください。

キムはアフリカ系カナダ人の高齢女性で、仕事の面接に行こうとしている。彼女はバスに乗ろうとして自分の高齢者カードを見せながら、高齢者割り引きのバス代を払おうとする。そのとき、運転手がカードを見て言う。「待て！　これはあんたの顔じゃないだろ。あんたみたいな奴らはいつもバス代を誤魔化そうとして友達のカードを使うんだよ。俺たちはあんたのような奴のカードを特にちゃんと見るように指導されている。俺のバスから降りろ！」。本当は自分のカードだったが、すごい剣幕で怒鳴られて降ろされてしまったため彼女は歩く。しばらくして、彼女は足を引きずりながら仕事の面接の場所に着く。ストッキングは破れてしまい、髪の毛も風でぼさぼさになっていた。そして、彼女は三十分遅刻してしまった。面接する雇用主は彼女の姿を見て思った。「まともに生活できない不幸なアフリカ系だな、面接にも時間どおりに来れないのか」、と。そしてこの日の夕方、彼女は、学校まで孫を迎えに行く。この学校は白人の子どもたちが多く通う学校だった。彼女は教師に、「ジャクリーンを迎えに来ました」と言う。教師は彼女の肌の色を一瞥し、運動場に向かって大声で叫ぶ。「ジャクリーン、子守のばあやが来たよ！」[*48]

＊48　Moreau, Sophia. “In Defence of a Liberty-based Account of Discrimination,” in: Deborah Hellman & Sophia Moreau (eds.) *Philosophical Foundations of Discrimination Law*, Oxford University Press, 2013, 84. 表現は少し変えています。

これは架空のストーリーですが、ソフィア・モローというカナダの哲学者が、自由の制約として差別を論じるための典型的な例として出している物語です。

この物語の一つのポイントは、キムさんは自らの人種（そして性別）を忘れることを、一時たりとも許されていないという点です。たしかに、直接的な機会の制限は、交通機関へのアクセスの拒否であり、面接に遅刻させせられたことでしょう。また、彼女は貶められているし、過剰なステレオタイプに晒されています。しかし、単にそれだけでは、彼女の困難と、その人生に対する実際のインパクトを十分に理解したことにはなりません。この物語でキムさんが妨げられているのは、自らの人生の中での数えきれない選択を、人種（や性別）と関係なく行なえる能力としての自由だからです。彼女が差別の結果として失っているものは、膨大な自由の集合なのです。

哲学者のなかには、キムさんのように平等な資源や機会を拒絶されることに差別の被害を見出した上で、そうした資源や機会が平等に分配されさえすれば、差別の問題は解決すると考える人もいます（たとえば、機会平等論者）。しかし、自由侵害説によれば、これらを拒絶されることの問題はそれ自体で完結したものではありません。キムさんの例で、彼女は高齢者カードをもっているし、面接にも進めています。その限りでは、資源や機会を与えられてはいます。けれども、キムさんの問題は、何をするにも人種や性別のためにその資源や機会を活用する自由を次々に阻まれて、提供された高齢者カードも用意された面接の場面も無意味で虚しくなっていることです。そのため、差別の哲学は、それぞれの人の選択や行動の自由の問題にもっと踏み込んでいかなければならないのです。

自由の侵害としての差別

自由には重要な価値があり、自由を侵害することは悪い、ということを否定する人はいないでしょう。各人には自分で自分の生き方を決定する自由があるはずです。「生き方」と言うと大げさに聞こえるかもしれませんが、たとえば、どの場所に住むか、どのように移動するか、いかなる仕事に就くか、どのお店で飲食をするか、どのようなサービスを受けるかといった場面を中心にして、どの道を歩いて散歩するか、といった一見些細と思われるような意思決定も含まれます。あなたはこの場所にしか住めない、あそこに行ってはいけない、こういう仕事しかできない、あそこの店には入れない、などと言われて拒絶されたらどうでしょうか。そのように自由を侵害される筋合いはないと思うでしょう。自由を制約することは――犯罪を防ぐためなどのよほど強い正当化理由がない限り――、それ自体として「悪い」ことだと言えるように思われます。キムさんの物語には日常生活のごく細部までが含まれていました。彼女は、罪を犯したというわけでもないのに、ことごとくこうした自由を侵害されていたのです。

差別はなぜ悪いのか。この問いについても、人々の間に付けられた区別が重大な意味で人々の自由を侵害するならば、この自由の侵害ゆえに差別は悪質である、と言えるように思われます。もっとも、罪を犯したがために自由を制約されるとか、まだ年齢が低いので（飲酒などの）自由を制約されるとか、自由の制約と一言で言っても、さまざまなものがあります。許容可能な自由の制約もありますが、自由の侵害として咎められるべきものにも色々あります。たとえば、高校生が、年齢が低いという理由で飲酒の自由が制約されることには納得しても、年齢が低いという理由で外出先を自分でまったく決められないとしたら納得できないと感じるかもしれません。希望する大学に入れないとか就きたい仕事に就けないとしても、それが公正な競争の結果であるとすれば、思いどおりにならなくてもおそらく納得するでしょう。しかし、どの大学に進学するとかどういう仕事に就けるかが、自分の人種や性別を理由に制限されていたら、それは、自由の侵害だと感じるでしょうし、この自由の侵害は差別だとも思うでしょう。

差別によって侵害される自由とは何かについて、モローは次のように言います。

肌の色やジェンダーなどの規範的に外在的な特徴から切り離された仕方で、生き方について自ら意思決定する自由*49

「規範的に外在的な特徴」とは、典型的には肌の色やジェンダーなどの特徴です。人は衣食住、公共の場所での移動、雇用やサービスなどの意思決定に際して、肌の色やジェンダーなどによって制約されたり負担をかけられるべきではないからです。にもかかわらず、こうした特徴を考慮しなくてはならない状況に置かれるとき、その人は、自由を侵害され差別されているのです。

キムさんの例で、彼女は、バスに乗るときも、面接に行くときも、孫を迎えに行くときも、ことごとく、自分の人種や性別に対する他者の否定的な視線に晒されています。その視線を介して、自分の人種や性別のことを絶えず意識させられていました。こうした経験が積み重なると、何に乗ってどこに行くのか、どういう仕事をしたいのか、こうしたことを決定するときに、自分の人種ゆえに負わされている負担を一々考慮しなくてはならなくなってしまいます。バスに乗ることや孫を迎えに行くということは、本来、自分の肌の色やジェンダーなどを一々気にすることなく、自由にそれをやるかどうかを決められるはずのことです。このような自由が、ある特徴ゆえに侵害されるのが差別だというわけです。

規範的に外在的な特徴の典型例としては、人種、性別、宗教、障害が挙げられます。しかし、モローによると、必ずしもそれには限定されず、文脈に依存します。たとえば、「魅力のない外見」は先の典型的な特徴のリストには入っていませんが、文脈によっては差別の根拠になる

＊49　Moreau, Sophia. "What is Discrimination?" *Philosophy and Public Affairs* 38(2), 2010, 155.

場合も考えられると言います。[*50] たとえば、顔に大きなあざがあることで、外見に関わりのない仕事にもかかわらず、面接試験で何度も落とされる、といった場合です。また、ある行為が差別かどうかの判断も、文脈によって変わる可能性があります。たとえば、「目が見えない」という障害を理由にタクシーの運転者が乗車を拒否した場合、これは、障害を理由にした移動の自由の妨害であり、典型的な障害者差別だと言えます。しかし、目が見えないこの人物が盲導犬を連れてタクシーに乗ろうとしたところ、たまたま止まったタクシー運転手がイスラーム教徒でタクシーに犬を乗せることに強い忌避感があり、それを根拠として乗車を断るとしたらどうでしょうか。[*51] この場合、この乗車拒否は単純に「障害者差別」だとして済ませられるものではもはやないでしょう。この問題を考えるには、このタクシー運転者がイスラーム教徒であり、この運転手にも自由への権利があるという目下の文脈について繊細な考察が必要になります。

また、規範的に外在的な特徴は、本人が選択できない特徴には限定されませんし、本人が自分にとって大切だと考えている特徴にも限りません。むしろ、人によっては「取り除きたい」と思うものが含まれることもありえます。[*52] たとえば、他者から「女性」として見られたくないとつねに思っている人が、しかし「女性」とみなされて自由を侵害されたとすれば、このとき、その人は自分自身のアイデンティティとは関係なく女性差別を被っていることになります。

自由が等しく侵害されれば差別ではないのか

侵害されるべきでない自由とは何か。この点を明瞭にするためには、公共スイミングプール廃止の事例として知られるものを考えることが役立ちます。

米国ではかつて公然とした人種隔離政策が行なわれていました。１９７１年、脱隔離政策が進んできたころのことです。ミシシッピ州のある都市の市長が、黒人と白人が同じ水の中に入っている光景を終わらせたいという宣言とともに、公共のスイミングプールそのものを廃止しました。この決定においては、公共のプールにアクセスする自由に関して、白人と黒人がいずれも等しく平等にそれを侵害されています。この場合、白人と黒人は、等しく自由を制限されている点で平等ではあります。それゆえこの市長の決定は差別ではないと考える人もいます。[*53]

しかし、市長の決定は本当にまったく差別的ではない、ということになるでしょうか。どこ

＊50　Moreau, "What is Discrimination," 158.

＊51　Moreau, Sophia. "Discrimination and Freedom," in: Kasper Lippert-Rasmussen (ed.) *The Routledge Handbook of the Ethics of Discrimination*, Routledge, 2018, 170. ムスリムの人々にとって、犬は一般的に不浄の動物とされています。

＊52　Moreau, "What is Discrimination?" 156.

＊53　Segall, Shlomi. *Equality and Opportunity*, Oxford University Press, 2014, 120.

かおかしいと感じるのではないでしょうか。たしかに、白人と黒人は等しくプールに行けなくなりました。その点で、制限された自由の量はたしかに等しいと言えます。しかし、こう考えてしまうと、プールに行く自由を失ったということの重要性が退いてしまいます。問題が、誰しも自分で選択したり行為したりする自由があり、その自由の侵害は許されないということにあるなら、やはり差別の問題は残っているように思われます。

モローの言い方では、他の人々が自分と同じように自由を等しい量だけ与えられていることではなく、各人が、人種、性別、宗教などの規範的に外在的な特徴にかかわらずに行為する自由を本当に「もっている」ことが肝心なのです。モローは次の例を挙げています。

すべての人が等しく自由を制約されているケースがあるとする。ある町に、キリスト教レストランと、ムスリムのレストランが同数存在しており、人口も半分ずつであるとする。双方の店が、宗教に基づいて客を拒否している。[*54]

生き方についての自由の問題は、選択肢が実際にどれくらいあるかということではありません。レストランがどれだけあろうが関係がありません。問題は、自分の人生を自分で決める際に、自分の特徴について特に考慮しなくてもよい、ということだからです。宗教とは関係なく、自分の食べたい店で食べる自由がある。それが本当に自由をもっている、ということでしょう。

自由の侵害と人格としての尊重

自由侵害説を他の議論と対比することでより明確にしたいと思います。心理状態説で触れた、差別の悪を「対等な人格として尊重しない」ことに見出す議論を思い出してみましょう。そこで見たように、多くの差別は、差別される集団には劣った価値しかないという考えに基づいています。また、次節で扱う社会的意味説では、差別の行為は、差別される人々には劣った価値しかないというメッセージを伝達するという点に着目します。しかし、すべての差別が、相手を対等な人格として尊重しない、というわけではありません。モローは次の例を挙げています。

ある店舗の求人で、女性はレジ打ちに、男性は倉庫での品出しにという募集がある。賃金等、他の条件は同じである。

この求人が差別だと言えるとして、その根拠は、女性が男性よりも、あるいは、男性が女性

＊54　Moreau, "What is Discrimination?" 172.

よりも低い地位に置かれているからだとは言えないはずです。仕事そのものとして一方が他方よりも「上」にあるとか「下」にあるとは言えないでしょう。この求人が差別である理由は、自由に注目する議論から見れば、男女という性別に関するステレオタイプが、両性の自由を制約していることにあります。[*55] つまり、性別という規範的に外在的な特徴のために、どういう仕事に就きたいかを自分で選択する自由が侵害されているのです。

自由の侵害と害

次に、自由侵害説を害説と対比してみましょう。害説によれば、差別が悪いのは、本人の状態を悪化させるからでした。しかし、自由侵害説によれば、重要な点は、自分自身で決めることができるという自由なのであって、特定の状態を結果としてもたらすことではありません。差別が問題なのは、そうした自由が侵害されるからです。次の例を見てみましょう。

昇進の平等なチャンスを与えられても、状態や境遇が良くならず、仕事のストレスが増えるなどしてかえって悪化する。そのため、本人たちの多くもできれば昇進したくないと思っている。

こうした状況のもとで、会社が、女性と民族的マイノリティに昇進のチャンスを与えないとしたらどうでしょうか。[*56] 害説に従えば、その人の状態を悪化させていない以上、この会社の方針に問題はないことになってしまいます。しかし、性別や民族を理由に昇進させないことが差別でない、という結論は受け入れがたいものでしょう。自由侵害説であれば、この会社の方針は差別であるとはっきり説明できます。私たちには、自由への権利（この場合、仕事などの評価の際に性別や民族を考慮されない自由）があります。私たちには、生き方について、人種や性別などの特徴を考慮せずに、構想したり、選択したりできる自由があります。他者が自分のことを繰り返しそうした特徴のもとで認知する場合には、自分でもどうしてもそういう特徴抜きに生き方を考えられなくなってしまいがちです。その自由は、私たちの生活状態を実際により良くするかどうかとは独立に、重要性をもつのです。

＊55　Moreau, "What is Discrimination?" 166.
＊56　Moreau, "What is Discrimination?"167.

自由侵害説の利点と難点

(1)自由侵害説の明快さ

自由を侵害することが差別の悪の根拠だという議論には一定の説得力があります。何よりも、性別や肌の色などの特徴を一々気にすることなく、自分のことは自分で自由に決められることが重要であり、性別や人種といった特徴のためにその自由を侵害されるのは悪い、という発想には直観的なわかりやすさがあります。

理論的に見ても、対等な人格として尊重していないことに差別を見い出す説に対して、自由侵害説は、誰かの価値を貶めるような判断がなくても差別は悪いことを簡単に示せるという利点があります。いくつかの集団に固定した仕事が割り振られている場合、その仕事の一方が他方よりも「上」にあるとか「下」にあるとは言えないとしても、どういう仕事をしたいかについての自由を、無関係な特徴に基づいて侵害されている点で差別だと言えるからです。

また、被差別者に与えられる不利益や害ではなく、自由の侵害として差別の悪質さを考えることで、害説に含まれるいくつかの問題点をクリアできます。ある特徴に基づいて昇進のチャンスが制限されている場合、この方針によって仮に本人の状態が悪化しなかったとしても、仕事に関する自由の侵害という点から差別だと言えます。

(2)自由侵害説では扱いにくいケース

では、自由侵害説に問題はないのでしょうか。ここでも「拾いすぎ」と「拾えない」という基準を使って考えてみましょう。

一つは、自由侵害説では差別とされるけれども、典型的な差別とは異なるようなケースがあるかどうかです(拾いすぎていないか)。もう一つは、自由を侵害しないけれども明らかに差別だと言えるケースがあるかどうかです(拾えてないものがないか)。

一つ目の点について、肌の色や性別は典型的に「規範的に外在的な特徴」ですが、そうすると、アファーマティブ・アクションも肌の色や性別によってマジョリティの人びとの教育や就労の自由を制約する場合がある以上、典型的な差別ということになるでしょう。しかし、これは拾いすぎではないでしょうか。これに対して、心理状態説であれば、アファーマティブ・アクションと典型的な差別の違いを説明し、アファーマティブ・アクションは悪質な差別ではないと明確に言えます。アファーマティブ・アクションには、敵意、嫌悪の感情、歪んだ判断などは含まれていないからです。害説からも、アファーマティブ・アクションで不利益を受ける人が被る害の大きさと、典型的な差別による害の大きさの比較に基づいて、両者は区別できると言えるでしょう。また、第1章で例にした、名前の頭文字に基づく不利益扱いを思い出してください。名前の頭文字で区別され、ある人々は大学の講堂の前方に、別の人々は後方に座らされるという場合です。この場合、人々は、名前の頭文字という特徴によって、自分で座る場所を決める自由を侵害されています。すると、自由侵害説だと、こうした「奇妙な特徴」に基づく区別と、肌の色や性別による典型的な差別に重要な違いを見出せないということになるでしょう。それでは、議論として肌理が粗すぎます。

二つ目の論点は、自由侵害説に限った問題ではありませんが、ごく小さな赤ちゃんに対する差別、さらには生まれる前の胎児を対象とした差別――選択的人工妊娠中絶など――です。生まれたばかりの子は、自分の考えと意思に基づいて人生を営む能力はまだもたないでしょう。少なくともふつうの意味での選択能力はもっていません。自由侵害説は、侵害されるべきでない自由を行使するために、こうした能力をもっていることを前提しています。その限りで、こうした能力をもっていない存在への差別を扱うことに困難を抱えるでしょう。たとえば赤ちゃんの世話をする際に女の子をつねに後回しにする、といった行為は差別的だと思われますが、自由侵害という観点からはなぜそれが悪いのかを言うことが難しくなります。他方、心理状態説は、差別される側がどれほど幼く自分が何をされているのかが分からなくても、自由が実質的に制約されていなくても、差別する側の心理状態に基づいて悪を指摘することができます。

被差別者を貶めるような社会的意味をもつから悪いのか（社会的意味説）

単独の差別行為はない、差別とはパターンである

社会学の立場から差別論を展開していた三橋修はある対談本のなかで、差別とは、「差別する側とされる側とが一対一の関係」で作り出されるものではない、と指摘しています。[*57] 三橋は、日本の部落差別を例にあげながら、たった1人だけで差別すること、すなわち「独創的差別」という概念は成り立たず、むしろ、差別は、人々に共有された慣習なども含んだ「風俗みたいなところがある」という理解を示しています。[*58]

あるいは、米国で１９７０年代半ば、アファーマティブ・アクションをめぐって差別についての論争が激しくなされていたころ、哲学の立場からポール・ウッドルフは、悪質な差別行為とはパターン化されたものだと指摘していました。ある集団に対する差別行為というのは、単

＊57　石田雄・三橋修『日本の社会科学と差別理論』、明石書店、１９９４年、２２０頁。
＊58　同書、１５３頁。

独の行為として遂行されることはありえず、時間をかけてパターンになることで悪質な行為になり、その集団の人々に大きな負担をかけることになる、というのです。このパターンとしての差別行為という点を説明するために、ウッドルフは次のような比喩を用いています。

差別することは、芝生の上を歩くことのように、どれくらいそれがなされてきたのかを参照して、判断されるべきである。芝生の上を歩くことが有害であるのは、その芝生をダメにしてしまうくらい、多くの人々が芝生の上を歩くという習慣をもっている場合、その場合に限る。*59

芝生の上を1人が一度だけ歩いても特に何の影響もないでしょう。しかし、多くの人が何度も繰り返し歩き続けると、芝生がダメになる可能性は高まるでしょう。同様に、差別の行為が悪質になるのは、その行為が社会の中で人々に共有された慣行や習慣としてパターン化されるときだ、と思われるのです。

キムさんのある一日の物語をもう一度思い出してみてください。そこでは、人種と性別という同じ理由で朝から晩まで差別を受け、自由を侵害されていることに、痛ましさが表現されていました。この話において、バスの運転手、面接官、学校の教師がキムさんに言ったことやしたことは、「差別する側とされる側との一対一の関係」において、たまたま成立しているようには思えません。むしろ、そこには典型的な発言や行動のパターンが見出せます。キムさんはきっと、この日だけでなく、これまでにも同じような経験を繰り返してきたし、今後もこのパターンが続くだろうと思わせます。このパターンの繰り返しは、いつまでも終わりなく差別は続くという認識となって、大きな負担となっていくでしょう。また、差別の行為が、社会の中で慣習としてパターン化している以上、キムさんの経験は彼女の個人的な経験ではありえず、むしろ、キムさんでなくても黒人女性が共通に晒されうる経験です。つまり、黒人女性に対してカードの不正使用を疑うこと、子守だと決めつけることなどの行為を一連のパターンとして取り出し、それぞれの行為の意味や不当さを問うことができるように思われます。行為はパターン化することで、社会的意味をもちます。この側面に対応する説明を提出していると言えるのが、社会的意味説です。

社会的意味とは何か

社会的意味説は、「差別される側」の人が被る害や自由の侵害ではなく、「差別する側」の人

＊59　Woodruff, Paul. "What's Wrong with Discrimination?", in: Steven M. Cahn. (ed.) *The Affirmative Action Debate* (2nd edition), Routledge, 2002, 31.

のふるまいに悪質さを位置づけます。この点では、心理状態説と共通点がありますが、しかし、心理状態説とは違って、差別する人の意図、感情、判断の中身などではなく、差別という行為そのものの意味を問題にするのが特徴です。ある意味をもった行為は悪い、というのはわかりにくいかもしれません。そこで、「白装束を着て十字架を焼く」という行為を考えてみてください。

この行為がどういう意味をもつのか、日本では一般的にはあまり知られていないかもしれません。これは、米国で、K・K・K（クー・クラックス・クラン）という白人至上主義のテロリスト集団が、黒人へのリンチや殺害を予告するパフォーマンスとして行なってきたものです。非白人の前で「白装束を着て十字架を焼く」というパフォーマンスをしたとすると、仮に悪ふざけだったとしても、当人たちの意図や動機からは独立に、人種差別的な脅迫という意味をもちます。「社会的意味」と「社会的」という性格を強調するのは、同じ行為でも、こうした歴史や社会状況をまったく欠くところで行なわれたならば、このような意味を帯びることはないからです。心理状態説を解説したときに言及した「指四本」のジェスチャーについても同じことが言えます。このジェスチャーが差別的な意味をもつのは、そこに社会的に共有された意味が表現されているからです。

ここで、ある人が、ある集団の人々への嫌悪感――たとえば「顎が長い中年男性」への嫌悪感――を「指三本」で表すことに決めて、顎が長い中年男を見るたびに、そのジェスチャーをしたとしましょう。このとき、差別の意図が明確にあったとしても、このふるまいの意味を共有する人々がいなければ、「顎が長い中年男性」を侮辱したり傷つけたりすることもできないでしょう。つまり、差別的行為にはそれに意味を与える社会的・歴史的文脈が必要であり、「独創的差別」は成り立たないことがわかるでしょう。

また、差別的行為をその意味から見たとき、差別行為の範囲は、その行為を向けられた人が被る不利益や害から見たときとは異なってきます。たしかに、先のような脅迫的行為の場合、とくにアフリカ系アメリカ人ならばほとんどの人が恐怖を抱き、傷つけられるでしょう。しかし、悪質な差別はこのように害を伴う行為に限りません。たとえば次の事例を考えてみましょう。

［学校の校長が］卒業式で黒人をステージの片方に座らせ、白人を反対の方に座らせて、それを美観の理由で擁護する。[*60]

ステージの左側に座っても右側に座っても、それ自体には特に不利益はないでしょう。また、学生たちも特に気にしていなかったとします。しかしこのような指示が出された場合、米国で

＊60　ジョン・ハート・イリィ『民主主義と司法審査』（佐藤幸治・松井茂記訳）、成文堂、１９９０年、２４１頁。

は黒人を隔離して差別してきたという歴史があるので、黒人を劣位化するという象徴的な意味をもちます。米国では、かつてアフリカ系アメリカ人が公教育、公共交通機関、公共の施設などさまざまな場所で、隔離されて不利益を受けてきました。仮に学生たちがこの歴史を知らなかったとすれば、本人たちは傷ついたりしないかもしれません。しかし、特別な理由がないのに肌の色で人々の座席や列などを指定し、分けるということ自体に、歴史的文脈が特定の「意味」を与えるのです。仮に校長が学生たちは気にしていないのだから問題ないと自身の行為の正当化を試みれば、行為のみならず、その正当化のやり方自体も問題になるでしょう。

差別行為は、他者を劣位に置くことを意味する

では、ある行為が特定の意味を表現するとして、その悪質さはどこにあるのでしょうか。本章の冒頭ですでに述べたように、社会的意味説が差別を悪いとする根拠は、他者を対等な人格として尊重すべきという道徳的義務を侵害することにあります。この見解は、社会的意味説が心理状態説の一部と共有しているものでした。心理状態説はこの道徳的義務の侵害を差別者の心の問題だと考えていました。他方、社会的意味説では、ある行為が他者に対する尊重の欠如を意味するという局面に注目する点で、アプローチが異なってきます。

では、一般に、他者を対等な人格として尊重しないとはどういうことでしょうか。相手を侮

辱したり軽視したりすることはその一例でしょう。しかし、軽視や侮辱のすべてが差別的なものだとは限りません。たとえば、上司に唾を吐きかけたならそれは侮辱であり、悪い行為だと言えるでしょう。しかし、この場合の侮辱が相手を差別したとは限りません。直前に上司に叱られ、それに反発しての行為であることが明らかであれば、侮辱する行為ではあっても差別行為とはみなされないでしょう。しかし、この上司が唾を吐きかけられているのが、この上司の人種や性別などの特徴ゆえであることが明らかであれば、これは差別行為という意味をもつでしょう。

社会的意味説の代表的論者であるデボラ・ヘルマンは、他者を対等な人格として尊重しない行為の中でも、人種や性別などの特徴ゆえに他者を劣位に置くこと――「貶価《へんか》（demean）」と呼ばれます――に差別の悪質さの根拠を見出しています。[*61] 差別的行為は、一回限りの一対一の関係ではなく、ある特徴をもった集団に対して繰り返され、時間をかけてパターン化されることで意味を帯びるものでした。社会的な文脈のなかで、特定の差別行為は、ある集団の人々に対して「劣った存在」というラベルを貼り付けるという意味をもちます。

社会的意味説にとって重要な実例は、米国の学校での人種隔離の事例です。１９５４年に人種隔離教育の違法性が問われた「ブラウン対教育委員会」事件をご存知でしょうか。人種隔離

＊61　デボラ・ヘルマン『差別はいつ悪質になるのか』（池田喬・堀田義太郎訳）、法政大学出版局、２０１８年。

教育は憲法違反であるという判決が出されたものです。この通称「ブラウン判決」は、米国の差別に関する事件の中で最も有名なものですが、この判決で隔離が憲法違反とされた理由は、単に黒人学校と白人学校のあいだで資源が不平等に分配されていたからではありませんでした。「人種を隔離する政策は、通常、黒人集団の劣位性を表示するものとして解釈されるからである」と判決文にあるように、何よりも重視されたのは、隔離が伝達するメッセージでした。隔離の直接的なメッセージは、黒人の子どもたちが白人の子どもたちと共に教育を受けるのは不適切だというものですが、それは、黒人たちに「劣っている」というラベルを貼り付けます。人種隔離教育の問題は、特にそれが黒人の人々を劣位に置く意味を表現するところにあるとされたのです。

社会的意味説では、ある行為が特定の意味をもつ文脈を重視し、差別の歴史の重要性が強調されます。ただし、この場合、歴史とは、単に過去の出来事の系列のことには尽きません。むしろ、重要なのは、ある行為がパターン化され、社会的に共有されて、特定の意味を帯びる文脈（コンテキスト）を形成する、そういう場が歴史だということです。上司に対して唾を吐く行為が、一回限りの反撃ではなく差別的な行為でありうるのは、その行為が、ある特徴をもつ集団の人に向けられた行為パターンのなかでもつ意味によるのであり、その意味が与えられる歴史的文脈によるのです。

社会的意味説の利点と難点

(1)利点

　社会的意味説の強みは、典型的な差別の重要な特徴をよりよく理解させる点にあります。「白装束を着て十字架を焼く」ことは、「K・K・K」という米国では最悪の人種差別集団の行為として知られています。この行為は、単に外見的に見れば、不思議な儀礼的行為かもしれません。これが悪質な差別的行為であることは、その行為の意味を理解することでしかわかりません。それ自体としては奇妙なふるまいも、誰が誰に向けて行なっているかがパターンとして認識されると、それが何を意味する行為なのか、はっきりしてきます。行為の社会的意味という観点から、こうした典型的な差別行為の悪質さを明らかにできるのです。

　また、社会的意味説の利点は、一般的に差別だとして話題になる経験を細かく拾えることにもあると言えます。近年の韓国のフェミニズムの書物には次のような箇所があります。

　学級委員を選ぶときに、委員長には男の子を、副委員長には女の子を選んでいた習わしを、夏の修学旅行の時に、女の子だけに短い服を禁止するルールを、ちゃんとした名称が付けられる前から私たちの周りでひんぱんに起きていたセクハラ、二次被害、痴漢といった性暴力を、「女の子のくせに気が強すぎる」と言って制裁を受けたことを、「娘はよその家の人間になるから」という冗談のような本音を、「こんなに自分勝手にするんだったら男の子で生まれてもらったほうがよかった」という母の愚痴を、「女は二四歳を越えると売れなくなる」という男友だちのくだらないアドバイスを、「いくら頭がよくて、年が上だと言っても、女は男になろうとしちゃいけない」と年下の男性から言われた侮辱を、「女は会社の花だからつねに笑っていなさい」という部長の言いつけを。私たちは昔から知っています。[*62]

これらの例は、いかにも典型的でパターン化した慣行や言動として取り上げられています。もっとも、女性とみなされる人のなかにも、これらの言動の一部にしか心当たりがない人もいるでしょうし、まったく心当たりのない人もいるかもしれません。しかし、自分自身はそうでなくても、「女性」とみなされる人々がこれらの言動に晒される可能性があるということを知らない人はいないでしょう。それは、これらが行為パターンとして社会に定着しているからに他なりません。社会的意味説は、このような性差別的言動が至るところに存在していてパターン化されていることを、行為の意味のネットワークとして分析できます。重要なのは、「女性とみなされる人」だけが被りうるような、さまざまな言動の「パターン」が存在するということです。その行為パターンの対象になるか否かにとって、当人が自分自身を「女性である」と考えているかどうかは無関係です。[*63]

以上を確認した上で、先の引用に戻りましょう。たとえば、「女は会社の花」という発言は、一見褒めているように聞こえるし、話者にも女性への敵意などは含まれていないため、悪質な差別であることがすぐに明らかだというわけではないでしょう。しかし、この発言は、さまざまな行為の意味のネットワークの中に置かれれば、差別的言動であるとはっきりしてきます。そうした慣行や習慣には、たとえば次のような慣行が含まれるでしょう。

婚礼や葬式などのセレモニーでの発言がほぼ男性に独占されていること、地域社会の会合などにおいて「男」が一家を代表するものと一般的に考えられていること、学校に提出する様々な「同意書」その他において保護者欄に書かれる名前が「父親」の名前である場合が多いことなどなど。[*64]

＊62　イ・ミンギョン『私たちにはことばが必要だ――フェミニストは黙らない』（すんみ・小山内園子訳）、タバブックス、２０１８年、71‐72頁。

＊63　たとえば、それまで男性として暮らしていた人が「女性」として暮らしはじめたときに、「女性」が晒されているさまざまな差別的言動を経験したという報告もあります。岡部鈴「女性として働くようになって気づいたジェンダーギャップ」、日経ＡＲＩＡより。

＊64　江原由美子『ジェンダー秩序』、勁草書房、２００１年、１３３頁。この本は「性差別」ではなくて「性支配」という言葉で現状を分析していますが、とくに第四章の議論は性差別だけでなく差別を広く考える上でも非常に重要です。

これらの慣行は、明文化されたルールがあるわけでも、議論の結果合意に達してそうなったわけでもなく、単にある社会の中で慣行として根付いているだけのものですが、だからといって何の問題もないとは言えません。なぜなら、これらの慣行のいずれにも、女性ではなく男性こそが責任ある発言や行為の主体だという見方が浸透しているからです。

「女性は会社の花」という発言にも類似の見方が含まれています。「女性は会社の花」という発言には、会社で「女性」は、仕事内容や能力ではなく、その容姿が見せ物のように品評される対象だという理解が含まれています。裏返せば、会社にとって本来の活動である仕事の担い手として想定されているのは、男性だということでしょう。これらの発言と、冠婚葬祭、地域社会、学校での慣行とは、ある一つの社会のなかで遂行されることで、「女性」を、男性と同等の活動の主体としてではなく付属物として位置づける、一連の行為パターンをなすことになります。こうして、「女性は会社の花」のように、一見ポジティブに聞こえかねず、発言者に敵意などがない場合の発言も、女性を劣位に置く行為という社会的意味をもちうるのです。

心理状態説、害説のいずれも、これらの発言や行為の意味のネットワークを問題にすることはできません。まず、これらの発言は必ずしも敵意や嫌悪感といった心理状態に基づいているわけではありません。次に、害説の流儀で、個々の発言や慣行がもたらす不利益を害として加算したとしても、単に加算することは、これらの発言や慣行を結びつけている意味、つまり、他者の活動を下支えする役回りに女性を置くという意味を見出すことにはつながりません。他方、社会的意味説では、これらの慣例的な行為や言動が相互に関係することでもつ象徴的な意味を問題にすることができます。

最後に、社会的意味説の利点として、差別は社会全体で生じる集合的な現象だという性格を、他の説よりもはっきりと反映している点があります。

差別は、敵意や嫌悪感に衝き動かされた一部の差別主義者だけが行なっているわけではないという理解は広く浸透したものでしょう。たしかに、日本にも在特会（在日特権を許さない市民の会）のような極右排外主義の暴力集団はありますし、アメリカのＫ・Ｋ・Ｋやヨーロッパの「ネオナチ（新しいナチス）」のような差別・テロリスト集団は存在します。しかし、これらの人種差別主義集団の背後には、社会の中に存在し続けている慣行や慣習を通じて、知らぬ間に差別に関与している膨大な人々がいます。先に見たような冠婚葬祭に参加することなどを通じて無自覚に誰もが性差別に関与していることはその典型です。ある社会が、女性を差別しようという明確な目的を共有した集団を構成しているわけでなくても、やはり性差別は社会全体で成り立っているということには十分な意味があります。社会全体での集合的な現象としての差別というこの性格は、人種差別や女性差別以外にも、性的マイノリティへの差別、日本の部落差別や在日朝鮮人差別にも、障害者差別にも当てはまります。

「社会的意味」という言葉は、こうした慣習も含めた行為の集合的なパターンが、個々の差別行為に特別な意味を与えるという側面を表しています。社会的意味説は、このように社会的・文化的な現象に目を向ける点で、社会学など、近接領域の差別論の見方にフィットする点で、他の立場に対して際立っています。

(2)難点

ただし、社会的意味説にもいくつもの問題が指摘されています。

第一に、「意味」を誰がどういう基準で決めるのか、という点があります。意味説の提唱者のヘルマンは、行為者が意図していなくても、行為の社会的意味は客観的に特定できるといいます。しかし、行為者自身が貶めてやろうという意図をもっていないのに、ある行為が特定の集団の人々を貶めるという意味をもつなどと、なぜ言えるのでしょうか。たとえば、ある雇用者が、2人の求職者のうち、白人を雇用し黒人を雇用しなかったとします。その理由が、黒人に対する敵意や嫌悪感以外のもの――この白人は歌がうまいとか、雇用者の義理の兄弟だからなどの理由――だったとしましょう。この場合、この雇用者の方針は黒人を貶めているという社会的意味をもつなどとは言えないでしょう[*65]。

心理状態説であれば、その行為が相手を貶める行為であるのは、その行為者が貶めようという意図、嫌悪感、敵意などに基づいているときに限るはずだ、と言うでしょう。そうでないならば、いったい誰がどういう基準で、この行為の意味を決めるのか。それが不明である限り、客観的意味というものは単なる想定だという批判があります。

第二に、社会的意味説は、他者を対等な人格として尊重せよという規範の侵害に差別の悪質さを見出しますが、すると「間接差別」を分析できないだろう、という指摘があります。たとえば、発音の違いゆえに客とのコミュニケーションが取りにくいとして、移民をスーパーマーケットの店員として雇用しないことはこの人を貶めているとは言えないように思われます。こうした間接差別を社会的意味説では差別の問題として扱えないと思われます。

第三に、社会的意味説は、まだ多くの人が差別だと気づいていないような新たな差別を見出すことができないという点も指摘できます。先に、誰がどんな基準で行為の意味を決めるのかが不明だという批判がありましたが、社会的意味説は、特定の個人というより歴史的・社会的な文脈によって意味は特定されると考えます。すると、ある行為の意味は「社会全体で人々に認められているかどうか」が基準になるように思われます。しかし、たとえば、セクシュアル・ハラスメント、「女性は会社の花だ」という発言、冠婚葬祭でスピーチするのが男性であるという慣行などは、かつては、女性を貶めるものだと広く認められていませんでした。しかし、ではその時代には、「性差別はなかった」ということになるのでしょうか。社会的意味説からすれば、「差別はなかった」ということになってしまうのではないでしょうか。また、今

＊65　Alexander, Larry. "Is Wrongful Discrimination Really Wrong?," *San Diego Legal studies Paper* 17(257), 2016, 7.

は私たちの多くは気づいていないだけで、未来から見て悪質な差別だと言えるようなものがあるかもしれません。それを発見することができないのではないか、という問題です。

さらに、そもそも歴史的・社会的な文脈がなくても差別だと言える行為があるのではないか、という疑問も生じるかもしれません。たとえば、ある人が外国に留学したとしましょう。そこで入店拒否などに遭うとします。この行為が悪いかどうかの判断にとって、その国に「外国人差別」の歴史があったかどうかは関係ないのではないでしょうか。仮想的な話ですが、仮に小さな村があるとして、その村に「外国人」が来たのは初めてのことだったとします。その村に入ろうとしたところ、村人たちに行く手を遮られ、断られるとします。それまでこの村で「外国人差別」がなかったとしても、この拒否は悪質な差別だと言えるようにも思われます。つまり、同じような行為が他になく、また歴史的な経緯もなくても、単独の行為だけでも差別は悪いと言える場合があるのではないか、という疑問です。

(3)再応答

これらの批判に対して社会的意味説はまったく応答できないわけではありません。

一つ目は、行為者に貶めようという意図がないのに、貶めているという意味をその行為がもつとは言えないのではないか、という批判でした。たしかに意味が客観的に決まると言うとき、行為者の意図は一切無視して決まると言うとすれば、行き過ぎているように思われます。ただ、社会的意味説はこの点に関して柔軟であり、行為者の意図も、その行為の意味を決定する際の考慮項目に含めることができます。「美観」を理由にステージ上で人種別に学生が座る場所を分ける先の校長の例で言えば、「美観」ではなく、他に真っ当な理由があるのであれば、その行為の意味は変わることを認めることができます。たとえば、これが、人種隔離政策の問題を考えさせるための授業で、教育上の目的でなされている場合には、行為の意味が変わってくるでしょう[*66]。

二つ目の間接差別についてはどうでしょうか。この点には次のように応答できると思われます。先に挙げた移民が雇用を拒否された理由は、客とのコミュニケーションに困難があるというものでした。まず、この雇用の拒否が悪質な差別と言えるかどうかは、コミュニケーションの困難さがどれくらいのレベルのものかによって変わるでしょう。もし客とのコミュニケーションが職務にとって必要不可欠であり、そして、コミュニケーションがほとんど取れないほど、この移民の人に発音に困難があったとすれば、この人を雇用しないことを悪質な差別だとは言えないでしょう。これは、重い身体障害をもつ人が肉体労働、たとえば引っ越し作業員の職に就くことができないとしても、障害者差別だとは言えない、というのと同じことです。他

＊66　デボラ・ヘルマン『差別はいつ悪質になるのか』（池田喬・堀田義太郎訳）、法政大学出版局、２０１８年、40－41頁。

方、発音に違いがあるだけでコミュニケーションそのものには支障がないとすれば、発音の違いを理由にこの移民を雇用しないことは悪質な差別だと言えると思われます。この場合には、職務に必要な条件を満たしていないからではなく、移民であることに伴う特徴に基づいて、雇用を拒否しているからです。

問題は、移民であるという理由で劣った人間として貶めるような行為パターンが社会に定着しているか、です。たとえば、（十分考えられることですが）移民の人々が、見た目や発音など、移民であることに伴う特徴を理由に、学校や地域社会でバカにされたり、グループ活動での役割が割り振られなかったりしてきたとします。その場合、スーパーマーケットでの先の雇用のケースを、職業上の客とのコミュニケーションの問題に還元すべきではないでしょう。雇用者によるこの処遇は、移民であることを理由に対等な人格として扱わないという意味を帯びた一連の行為ネットワークの一部として浮かび上がってきます。こうして、この処遇が、他者を対等な人格として尊重すべきだという規範を侵害する行為という社会的意味をもつことが明らかになれば、社会的意味説の立場からでも、この間接差別がなぜ悪いかを説明できる可能性はあります。

最後に、今はまだ気付かれていない、新たな差別を発見できないのではないか、という問題点については、この種の事例がそもそも悪質な差別であると言えるのかどうか、を問い返す、というやり方が考えられます。たしかに、歴史上も社会的にも「はじめての差別」の事例は、

四つの説の特徴のまとめ

特徴／説	利点	扱いやすい事例	難点	扱いにくい事例
心理状態説	強固な直観のある部分に合致している。単純さ。	アファーマティブ・アクションや女性専用車両はどんなに不利益があろうが悪くはない。被差別者が気付かず影響を受けていなくても、差別者の心理状態に即して悪いと言える。	「差別するつもりがなかった」という自己申告を覆せない。	間接差別や統計的差別の悪を説明できない。
害説	差別はほとんどの場合、被差別者に多大な害を与えるという事実に即している。	間接差別や統計的差別の悪についても説明できる。	「本人が差別されていることに気付いていない」ようなケースは除外されてしまう。	アファーマティブ・アクションなどを典型的な人種差別と同じように判断してしまう。「害なき差別」を扱えない。
自由侵害説	法的枠組みに合致している。被差別者が実際に感受したり経験したりする苦痛に依拠しなくても、本人の自由が侵害されているかどうかを問題にできる。	キムさんの事例のように、一個人が経験する差別の諸側面を丁寧に扱える。	自由な主体という前提が狭すぎる。	アファーマティブ・アクションと典型的な人種差別などを区別することができない。
社会的意味説	特定の集団の歴史的・社会的な地位の重要性を把握できる。	アファーマティブ・アクションと典型的な人種差別の違いを説明できる。	考慮すべき事柄が多い。	「初めての差別」、これまで誰も気付かなかった差別の悪を説明することは困難

社会的意味説では説明は難しいかもしれません。しかし、実はそれ以外の説によっても差別として説明するのが困難です。この「外国人」はこれまで一度も差別を受けたことがなかったとすると、多大な害があるというのは疑わしいですし、また心理状態説を取ったとしても、この村の住民は、敵意ではなく畏怖の念をもって遠ざけたとすれば、差別だとは言えなくなります。それゆえ、歴史上「はじめての差別」は社会的意味説だけがうまく扱えない差別の典型例というよりも、そもそも差別と言えるかが問われる事例だというほうが適切でしょう。

結局、差別はなぜ悪いのか

良いとこ取りをすればよいのか

第2章では、「差別はなぜ悪いのか」という問いに関連して色々な議論を検討してきました。ここで、次のような疑問をもつ読者もいるかもしれません。個々の理論にそれぞれ利点と難点があることはわかった。ならば、それぞれの利点を活かすように組み合わせればよいのではないか、と。このように「良いとこ取り」をしようと考えることは自然でしょう。ただし、「良いとこ取り」にも問題があることも確認しておかなければなりません。それは、良いとこ取りをすると「悪いところ」も引き継ぐという問題です。

ハイブリッド（混成）説

たとえば、害説と心理状態説のどちらか一方だけでなく、悪質な差別になるためには両方が必要だ、という組み合わせを考えてみましょう。これは、二つの説が重なる部分に悪質な差別を限定する、という方法です。この組み合わせ方を、複数のものが交わったところを取るという意味で「ハイブリッド（混成）説」と呼んでおきましょう。
ハイブリッド（混成）説は、一方だけでは広すぎる（つまり「拾いすぎる」）という過剰包摂問題を解決する方法として役立ちます。たとえば、害説だと、アファーマティブ・アクションは、それによって不利益を受ける多数派に対する害が大きい場合、このアクションが是正しようとしている典型的な人種差別や性差別と同じように、差別だと見なされてしまいます。しかし、心理状態説と混成するなら、その意図からアファーマティブ・アクションを典型的な差別の範囲から除外できます。害説と心理状態説のハイブリッド（混成）説では、両者が求める悪質さの根拠をともに満たしていなければならないため、害説だけだと拾いすぎる事例を拾わずに除外できるわけです。

しかし、二つの説のうち、一方の説だけでも当てはまらないと、差別の事例として「拾えない」という問題があります。つまり、それぞれの説でうまく拾えない事例はそのまま拾えずに残るわけです。たとえば、間接差別は、心理状態説だと、敵意、嫌悪感、不合理な判断などを含まないため、悪質な差別には入らない、という難点がありました。この問題は、心理状態説を害説とハイブリッドにしても残ります。また、害なき差別や利する差別は、害説だと差別として扱えませんでした。この問題も、害説と心理状態説とをハイブリッドにしても残ります。

多元主義

　では、害説または心理状態説のどちらか一つだけでも当てはまれば、悪質な差別だと言える、という考え方はどうでしょうか。たとえば二つの説を組み合わせるとして、ハイブリッド説が両方必要と考えるのに対して、一方だけで十分と考えるわけです。この考え方は、複数の異なる基準を並行して用いるという意味で「多元主義」と呼べます。

　多元主義は、一方の説だけでは狭すぎる（拾えない）という過少包摂問題を解決するのに役立ちます。たとえば、間接差別や統計的差別は、そこに敵意、嫌悪感、不合理な判断などが見つからないため心理状態説では拾えませんが、害説では不利益や害の大きさという点から差別として扱えます。他方で、害なき／利する差別の場合は、害説では扱えませんが、心理状態説では、そこに敵意とか不合理な判断などが見出せれば、悪質な差別として扱えます。

　しかし、多元主義にも問題はあります。今度は「拾いすぎる」ということになってしまうからです。たとえば、名前の頭文字に基づく不利益扱いと、人種差別のような典型的な差別との違いを考えてみましょう。一方で、害の大きさという観点から、この二つの違いを問えます。他方、心理状態説では、敵意などがある場合にはいずれも悪質な差別だということになります。すると、「あ」から「と」の頭文字で名前が始まる人々を懲らしめたいという意図をもった人が、「な」以降の頭文字で名前がはじまる人々だけを雇用したとき、この方針は、黒人だという理由で雇用しないという人種差別的方針と同じ水準に置かれてしまいます。この場合、多元主義を取ることで、害説の識別力を損なってしまうと言えるでしょう。

逆に、アファーマティブ・アクションによって非白人の入学を増やすことと、非白人だからという理由で公共サービスへのアクセスを妨害する典型的な差別は、心理状態説からは違うと言えます。意図がまったく異なるからです。しかし、「害」という点では両ケースは同等の場合もありえます。アファーマティブ・アクションによって入学を許可されなかった白人バッキは自分の肌の色のために希望する教育へのアクセスに対して不利益を被っていました。バッキが多大な不利益を被っているとすると、害説では、アファーマティブ・アクションと典型的な人種差別の違いは説明できなくなってしまいます。今度は、心理状態説の説明力が削がれてしまうのです。

説の使い分けと歴史の重み

このように、多元主義では、複数の説を同時に採用することで、「拾えない」という問題を解決するかもしれませんが、今度は「拾いすぎる」という問題を抱えてしまいます。そこで、事例によっていずれかの説を採用するという、使い分けをすれば良いという考えがありうるでしょう。

たとえば、名前の頭文字に基づく不利益扱いと典型的な人種・性差別の違いを説明するためには、心理状態説を脇に置いておいて害説の説明を優先すればよいと考えられるかもしれません。また、アファーマティブ・アクションを典型的な人種・性差別の例から除外するためには、害説を脇に置いておいて心理状態説を優先すればよいと考えるのです。

しかし、なぜ名前の頭文字に基づく不利益扱いの事例では、害説を優先し、アファーマティブ・アクションの事例では心理状態説を優先するのでしょうか。ある場合には一方の説を使わずに置いておくとして、この使い分けの基準は何でしょうか。複数の説を事例ごとに使い分けようとすると、今度は、こういう事例にはA説を用い、こういう事例にはB説を用いる根拠は何か、その使い分けの基準やルールは何かを明確にしなくてはならないように思えてきます。そうでないと、場当たり的に、都合よく諸説を使い分けているだけだと感じられるからです。

では、名前の頭文字に基づく不利益扱いの事例では害説を優先し、アファーマティブ・アクションの事例では心理状態説を優先するとき、私たちはどのように諸説の使い分けをしているのでしょうか。おそらく、その使い分けは、どういう差別が典型的に悪質なのか、という問いに対する直観的な判断に基づいてなされているでしょう。つまり、人種隔離という典型的な差別と同じように、名前の頭文字に基づいて席を分けることを同一視するような説は奇妙であるし、差別の歴史的範型である人種差別や性差別とこれらの差別を是正しようとするアファーマティブ・アクションを同一視する説もどこかおかしいという直観です。こういう直観があるから、ある説が、典型的で歴史的範型とされる差別と明らかにこれとは異なる区別をきちんと分けられないなら、別の説でその違いを説明しようという風に考えるのではないでしょうか。

使い分けについてのこの考え方は、説の使い分けの基礎には、歴史的に何が悪質な差別とされてきたのかについての共通了解があるとするものです。この共通了解は、差別論の理論家が発案したり提示したりするものではなく、これまで人々が何を差別とし、何を問題にしてきたか、という歴史に由来するものです。歴史的範型に対する説明力によって諸説を使い分けることは、場当たり的な恣意ではありません。過去の歴史に重しをかけられているのです。

差別について哲学的に考える人は、差別の哲学者と呼べるでしょう。社会的なイシューについて考えるとき、哲学者だからといって、歴史を超越した神のような視点から物事を眺められるわけではありません。哲学者もまた、歴史の中に生きている人間であり、そのなかで差別の問題に触れ、その問題について学び、深く考えざるを得なくなったのです。だから、社会で典型的に悪質な差別とされるものをモデルとして、それをきちんと説明できるのはどういう説かという風に考えるのは、哲学者が実際の歴史の中で考えており、社会の人々と問題を共有している証拠です。

哲学者も社会全体で成立する差別の外側にいるわけではなく、その差別の網の目のなかで生きる社会的存在であるという事実から離れないこと。私たちはこのことが重要だと考えています。このとき、差別の哲学は、なぜ差別は悪いのかという問いで完結することはできないでしょう。むしろ、差別が悪いことにはこれだけの根拠があるのに、それでもなぜ差別はなくならないのか、というリアルな問題をも引き受けなくてはならないでしょう。次章に進みましょう。

第3章

差別はなぜなくならないのか

差別とはどのようなものであり、差別はなぜ悪いのか。これらの問いについては、これまでの議論でいくつかの答えが与えられてきました。もっと考察を深めれば、さらにはっきりとした答えを得られるかもしれません。ですが、「だからなんだ」と思っている人もいると思います。なぜなら、どれほど差別について考えてみても、差別はなかなかなくならない、このこともまた事実だからです。

16ページで挙げた例を思い出してみましょう。まず、差別をしている人にその自覚がなくても差別をしているということがあります。外国人が入居すると他の入居者から苦情が来るために、大家が外国人の賃貸契約を断るという場合、この大家は外国人に敵意をもっているわけではなく、単に商売上の理由でそうしているだけかもしれません。私たちは、何の悪気もなく差別的な行為ができてしまうようです。

もう一つの例を思い出してみましょう。差別をしている自覚がないどころか、むしろ差別に反対しているつもりが、差別をしていることになるケースもあるのです（17ページ）。たとえば、「あなたの肌の色は見ていません。世界には一つの人種しかありません。つまり、みんな同じ人間です」と言う人がいるとします。この発言は差別に反対するためになされているわけですが、このように言うことによって、現実に存在する人種問題を隠蔽してしまう場面もあります。差別をしないようにしたことがかえって裏目に出ることもあるようなのです。

これらは、差別がなかなかなくならない仕組みのごく一部です。こうしたことに目を向けることは、差別について考えることが無意味だという結論を導くものではありません。むしろ、差別とは何か、なぜ差別は悪いのかという問いとは別に、なぜ差別はかくもしぶといのかという問いが、しっかりと考えるべきものとして差し迫ってくるはずです。

ここで、あなたがタバコ（お酒や甘いもの、ラーメンでもよいですが）をやめたいと思っているとしましょう。その場合、そもそもタバコとはどういうものなのかが気になり、その成分を調べたり、なぜタバコは体に悪いと言われているのかを考えたりするかもしれません。しかし、タバコの成分が何であってそれが体に悪い理由がわかったとしても、タバコをやめられないのであれば、それにしてもなぜタバコをやめられないのか、という問いは消えないのではないでしょうか。あるいは、あなたが倫理学者であり、嘘をつくことはなぜ悪いのかを考えだしたら、この問いと同じくらい重要な問いとして、なぜ嘘をつくことは悪いと誰もがわかっているのに、誰もが嘘をついたことがあるのか、が浮上するのではないでしょうか。誰もが嘘をついたことがあるのだから、嘘をつくことに問題はないのだ、と言うことはできません。「あらゆる国が戦争をしたことがあるとしたら、戦争をしても問題はない」「人間は戦争をするものなんだ」――終わり。こういうことになるでしょうか。戦争が自分とは関係ない、遠くのどこかで起きていることだという意識に守られた上で、そうだ、戦争があっても問題はない、と言っている人も、自分が戦争に巻き込まれてもなおそう言い続けられるとは思えません。嘘をつかれて傷ついた場合もそうでしょう。嘘や戦争だけでなく、差別についても同じです。本当の問題は、なぜ悪いとわかっていることがそれでもなくならないか、でしょう。

本題に入る前に、ここで一つ断っておかなければならないことがあります。「〇〇とは何か」「〇〇はなぜ悪いのか」という問い方は、哲学（や倫理学）の最も典型的な問い方ですが、「〇〇はなぜなくならないのか」という問いの場合は少し事情が違うということです。悪いとされるものが何であるか、なぜ悪いのか、という問いと比べて、「〇〇はなぜなくならないのか」という問いには焦りや苛立ちの響きがあります。先に見た、タバコでも嘘でも戦争でもそうですが、「〇〇はなぜなくならないのか」という問いは、それをなくそう、なくしたいという思いがなければ生じないはずです。そのことと相まって、こうした問いは、哲学以上に、心理、社会、教育といった場面に依拠した実践や研究のなかで探求されてきたところがあります。あるいは、学問がアクティヴィズムと強く結びついて展開されるところでもあります。

そのため、この第3章に登場する議論の多くは、いわゆる哲学・倫理学というよりも、それ以外の学問、特に社会心理学から出てきたものが少なくありません。もっともここでの課題は、哲学以外に出自をもつ議論を紹介することではなく、差別はなぜなくならないのか、という根本的な問いへのレスポンスとしてそれらの議論を再編成することです。さらに、哲学的な観点からそれらの議論の説明上の利点だけでなく、その説明の前提となっている考えへの批判も加えていきます。現代の哲学は、孤高の学問ではなく、隣接する学問と幅広く対話し、その知見を取り入れたり、その前提を吟味したりすることに従事してきました。差別の哲学も例外ではありません。

さて、以下では、差別が悪いとわかっていてもなくならないさまざまな理由を見ていきたいと思います。その上で、それでもどうやったら差別を減らせるのか、これからの未来について考えていきたいと思います。

なぜ嘘はなくならないのか

誰もが悪いとわかっているのになくならない

差別の問題に入る前に、なぜ嘘はなくならないのかを考えたいと思います。嘘もまた、それが悪いということには誰もが同意するにもかかわらず、決してなくなることがないという点で、差別に似ています。誰もが悪いとわかっていればそのことは自動的になくなる、という風にはできていないのですが、それがなぜかを理解することは容易ではありません。ですから、まず嘘という身近な話題で頭をほぐしておきたいと思います。

「あなたは差別したことがありますか」という問いよりも、「あなたは嘘をついたことがありますか」という問いのほうがきっと答えやすいでしょう。差別の場合は、自分は差別してきた、あるいは差別したことがあるとはっきりと意識している人もいるかもしれませんが、あれは差別だったのかと迷う人もいるでしょう。差別されてはきたが、差別した覚えはない、という気持ちの強い人もいるでしょう。これに対して、嘘については、これを読んでいる全員が嘘をついたことが「ある」とはっきりとわかっているはずです。悪気はなかったけどもしかすると無自覚に嘘をついていたかもしれないと迷う、ということはないですし、嘘をついたときのことは、誰に何を言ったかまで、よく覚えているでしょう。「誰もが悪いとわかっていてもなくならない」という点で共通していても、嘘のほうをまず「身近な話題」として取り上げようとするのは、こうした事情があるからです。

嘘をついてはダメだ、ということは、誰もが子どものときに親や先生のような大人から言われることとです。どこにいたかとか、何をしていたかということについて、本当とは違うことを言ったとき、大人はそれが嘘であることを見破って、本当のことを言うように子どもに求めます。怒っていたり、あるいは悲しんでいたり、そこには強い感情が伴っていることが大半です。嘘をつくような子はうちの子じゃないと親に激しく言われたり、あるいは逆に、友達や親に嘘をつかれて腹が立つと同時に悲しくて、こんなんじゃもう付き合いきれないと自分で思ったりしたことがあるでしょう。嘘をつくことは大切な人間関係を破壊しうるものです。

もっとも、この人間関係は友人のような親しい関係のことだけを指すわけではありません。

どんなに名声を得た政治家でも経歴に詐称があれば、どんなに成功を収めた有名企業でも産地偽装などをすれば、あっという間に名声も信頼も失う可能性があります。嘘がまかり通るなら、信頼できる情報に基づいて消費者が商品を選んだり、市民が選挙の候補者を選んだりすることはできなくなります。そうすれば、消費生活も投票行動も台無しになってしまうでしょう。国会議員などの公職選挙の候補者が経歴を偽った場合には犯罪として扱われる場合もあります（公職選挙法第235条）。

嘘も盗みも正当化される

嘘が悪いことはこれだけはっきりしているのに、嘘をついたことがない人はいないようです。では、嘘は悪いとわかっていても、なぜ嘘はなくならないのでしょう。

「嘘は悪くない」とまでは言えないにしても、「嘘は、ある種の必要悪として人間の生活の一部なのでは」という説明が一つ考えられます。たとえば、あなたの友達が、本当はお金を返すあてがないにもかかわらず、「必ず返す」と嘘をついて、あなたからお金を借りたとしたらどうでしょう。いつまでたっても返さないこの友人にあなたはきっと腹を立てるでしょう。そしてこの友人を問い詰めるかもしれません。すると、この友人はこのように答えたとしましょう。

たしかに、嘘をついてお金を借りたことは悪かった。でも、あのお金を寄付すれば、貧しい国の病気の子どもたちを10人も救うことができたんだ。そのためにお金が必要だったんだ。今は10人とも回復しているらしい。もしあのお金がなかったら、今頃、みんな亡くなっていたかもしれない。

詰め寄ったときの勢いはなくなり、あなたは口ごもってしまうかもしれません。この友人は、「良い目的のためなら時として嘘も許される」という見解を示して、自分の嘘を正当化（合理化）しており、あなたはとっさに反論することができずにいるのでしょう。*67

嘘だけではありません。たとえば、盗みも典型的な悪事です。盗みには、「嘘も方便」というような例外扱いの余地はないように思えるかもしれません。しかし、たとえば、ある薬がなければ治ることのない病にかかった恋人のために、その薬を売っている薬局に駆けつけた人がいるとしましょう。その人が有り金をすべて出すと言っても、薬局の人はその値段では売らないと言って譲りません。しかし、お金と人命のどちらが重いでしょうか。このときには、人を救うという目的のために薬を盗んでもよいとは言えないでしょうか。*68

嘘をつくことや物を盗むことのように、明白に悪いことであっても、人間にはそれを正当化し、時と場合によっては悪いことではない、とする傾向があるのです。

もっとも、そうした傾向があるということは、嘘をついたり盗んだりするのは良い、ということを帰結しません。友人が嘘をつく代わりに、貧しい国の子どもを救いたいからお金を工面してくれないかと正直に頼んだとしたら、あなたはもしかしたらその提案に同意して、気持ちよくお金を出していたのかもしれません。薬局で盗まなくても、事情をもう少し詳しく話せば値下げしてくれたかもしれないし、誰かに足りない分を出してもらうように頼むとか、あるいは借りるとか、盗む以外にも目的を達成する手段はたくさんあるはずです。この場合には嘘をつくしかない、あの場合には盗むしかない、と言うときには、数ある他の可能性が視野に入っていないのかもしれないのです。実際、嘘をついた友人も嘘をついたことは悪かった（けれど、仕方がなかった）と思っているのであり、薬を盗むという判断もそれ以外の可能性はなくこれが唯一の手段なのだと（一足飛びに）思われたために下されたのです。まったく何の咎めもなく嘘

＊67　この反論は、倫理学においては、「どんな場合でも嘘はついてはならない」というカント由来の義務論に対して、ある行為の善悪はその行為がもたらす帰結によって判定されるという帰結主義の立場としてしばしば言及されるものです。以下の本の第九章はその入門的説明としておすすめできます。ジェームズ・レイチェルズ／スチュアート・レイチェルズ『新版　現実をみつめる道徳哲学――安楽死・中絶・フェミニズム・ケア』（次田憲和訳）、晃洋書房、２０１７年。

＊68　この応答は、道徳心理学者コールバーグの「ハインツのジレンマ」と呼ばれる事例における男児ジャックの応答として知られるものに依拠しています。先に挙げたジェームズ・レイチェルズ／スチュアート・レイチェルズ『新版　現実をみつめる道徳哲学――安楽死・中絶・フェミニズム・ケア』の第十一章には、このジレンマをめぐる道徳哲学の論争も紹介されています。

をついたり盗んだりしたというわけではなく、悪いとわかりながらやっているから正当化や合理化がなされるのです。

このように、何かをすることが悪いとわかっていればそれをしない、という風には人間はできていません。むしろ、悪いと分かっているけれどやってしまうのであり、だからこそ、原則的には悪い行為でも時として許容することを求める正当化の営みが人間の生活の一部に入り込んでいると言えるでしょう。

嘘や盗みと同じように、差別もそれが悪いということについてはほとんど誰もが一致していています。それと同時に、「悪いとはいえ時として仕方がない」と、正当化する行為が差別についても度々見られます。これが嘘や盗みと差別に共通する側面の一つです。しかし、差別には、その意図がなく無自覚的にそれを行なう、という、嘘や盗みとは異なる特徴があります。以下ではまず、最初の正当化という側面に光を当て、統計的差別や人種的プロファイリングといった重要概念の考察に向かいます。その後、差別の無自覚性という側面に注目し、マイクロアグレッションや潜在的偏見といった社会心理学的テーマを考察します。

悪気はなくても差別は起こる――事実による正当化

悪いとはいえ時には仕方がない？

２０１８年に東京医科大学が入試の合否判定に際して、得点を操作することで女性の合格者数を抑えていたことが判明し、大きな話題になりました。公正な競争の場であるはずの入試で、性別によって集団を区分し、一方の集団だけに不利益を与えるという典型的な差別が行なわれていたのです。しかし、大学関係者からは、この措置にもそれなりの理由がある、という声も出てきました。女性は年齢を重ねると結婚、出産などで長時間の勤務ができない、医師としての稼働が低下するといった点が、この措置に対する理由として挙げられました。

どんな理由があれ、差別は悪いのでありあってはならない、という話で尽きるのであれば、こうした正当化は無視されていたはずです。しかし、現実は異なりました。むしろ、この正当化が大きな議論を生んだのです。

一方で、この正当化は、得点操作の行為を正当にするどころか、医療機関も含めた医療業界全体において、女性が不利に扱われている不当な実態を物語るものとして議論に火をつけました。関係者から挙げられた理由は、医療機関で働くときに女性は男性のように働けない、というものであり、大学での学業活動ではなくその後の社会生活に関わるものでした。東京医科大学に対しては、元受験生数十名が損害賠償を求める訴訟を起こしましたが、原告側の弁護士である角田由紀子氏は、「正すべきは、若い女性が働き続けることができない医療現場の悪しき労働環境であり、女子学生の入学抑制〔をすること〕でないことは、明らか」と主張しました。[*69]

他方で、大学関係者側の理由も理解できるという反応もあったのです。インターネット上では、この件について、女性医師のワークライフを応援する「joy.net」というウェブマガジンが行なったアンケートが話題になりました。[*70] それによれば、アンケートに答えた現役女性医師のうち、男女差別入試に反対したのは半数以下でした。紹介されている意見はたとえばこういうものです。

当直や夜間休日の緊急時の対応は、妊娠中や小さい子供のいる女医にとっては無理なことがある。そういう点では、男性医師が多い方が助かることがある。差別ではなく、仕方がないと思う。

この意見によれば、大学側の正当化はこの医師の勤務する現場の実情を適切に反映したものであり、それゆえに、得点操作による女性合格者の抑制も「差別ではなく、仕方がない」ということになります。大学がやったことは、ある特徴によって集団を区別し、一方の集団だけを不利に扱うという差別の不利益テーゼからすれば、差別に相当します。しかし、こうした意見から分かるのは、理由はともかく差別は悪いからあってはならない、というよりも、理由によっては通常差別と言われるものも「仕方がない」として許容する立場があるということです。

大学側の正当化に対するこの二つの応答において、一方は、「若い女性が働き続けることができない医療現場の悪しき労働環境」を正す必要性が示されていると考え、他方は、まさにそうした現実の労働環境ゆえに入試における得点操作も「仕方がない」としています。後者の考えは、ある目的のために嘘をついたり物を盗んだりするとき、そうした状況では「仕方がない」という例外的容認の正当化がなされるのに似ています。もっとも、先に、本当に嘘をついたり物を盗んだりすることが、目的を果たすための最終手段なのかとか、別の手段について十分に検討したかという点では疑問が残ることを指摘しました。病院での業務をうまく回すことが目的なのであれば、その手段が入試での性差別しかない、というのは短絡的に思われるでしょう。[*71]

この一件は、差別が悪いことは明らかなのになぜ差別はなくならないのか、という私たちの

＊69　角田由紀子「意見陳述書――医学部入試における女性差別対策弁護団日記〈番外編〉」
＊70　「科目別で相違!?医学部女性受験生不利への女性医師の見解」

問いに多くの示唆を与えています。差別の場合も、嘘や盗みの場合と同様に、状況によっては「仕方がない」として、これを許容するような正当化が生じる、ということです。もっともこのことは、差別が原則的に悪いという点を揺るがすものではありません。悪いことはわかっているけれど仕方がないこともある、というわけです。もっとも目的達成のための代替手段が尽きていない限りは、差別を容認するこうした弁明に説得力はありません。けれども、この種の正当化によって、悪いことが明らかなことでもやり続ける傾向があることもまたたしかなのです。

事実の重みがあるから仕方がない？

では、なぜ、先のアンケートで半数以上の医師たちが、大学関係者の言い分はそれなりに妥当で「仕方がない」と考えたのでしょうか。このとき、その正当化に重みを与えているのは何でしょうか。簡潔に言えば、その理由が現場の現実に合っている、ということでしょう。医師たちは、現場の現実を知るものとして、医療現場の実情を考えれば男女差別入試もやむなしという理屈もある程度はわかる、と言っているのです。このアンケートの読み手は、アンケートに答えているのが医師たちだという発言者の立場に一種の重みを感じるでしょう。なぜなら、医師たちは、それ以外の人たちよりも、医療業界の現実をよく知ることのできる立場にあり、それゆえに、現実をよく知らない人よりもその現実について語る権限があるように思えるからです。そして、差別が悪いというのはたしかに原理原則としてはそうだけれど、現実に沿って考えれば、差別であっても「仕方がない」というのが、（先のウェブマガジンの言い方では）「冷静な見方」であるように思えるのでしょう。

　差別を例外的に容認するように求める正当化は、「事実」に沿っているときによりもっともらしく聞こえます。先に見た盗みの場合も、その薬が恋人の病を治すということが事実でないとしたらどうでしょうか。この状況では盗むことも仕方がないという判断は一挙にもっともらしさを失うでしょう。もし、女性は年齢を重ねると結婚、出産などで長時間の勤務ができないという大学関係者の考えが、単なる思い込みにすぎず、よく調べてみたら、女性も男性と同じように長時間勤務をこなしていた、と判明したなら、大学側を擁護するべき動機は失われるでしょう。

　このように見てみると、入試における性差別をめぐる論争において、重要な焦点の一つに医療現場の現実があることがわかります。逆に、入試関係者の悪意のようなものはほとんど話題

＊71　もっとも、この東京医大をはじめとする複数の日本の医科大学のケースでは、差別だけでなく、得点操作を隠蔽するという面もあるため、この隠蔽自体に対する正当化も必要になるはずです。しかし、「joy.net」のアンケートではこの点は問題になっていません。

になっていません。女性受験者を不利にする得点操作が行なわれたのは、医療界の現状を全体として考慮してのことのようです。もちろん、入試担当者の意識にまったく何の問題もないということはないでしょう。先の角田弁護士は、大学教授たちの「人権意識がいかに貧しいものか」を問いただしています。大学教授たちは、人権について無知すぎるというかどで責められていますが、敵意をもっているとは言われていません。人は悪意がなくても差別することができます。現場の事情を考慮したりしているうちに、人々をある特徴によって区別し一方の集団だけに不利益を与えることも「仕方ない」と思うようになり、その慣行を続けるようになりえるのです。

16ページのアパートの大家の例に戻ってみましょう。この大家は、日本人ではないとわかるとアパートを貸さないという方針をもっています。この大家は、人々の間に国籍という特徴で区別をつけ、一方にだけ不利益を与えている点で差別をしています。しかし、この大家には言い分があります。外国人は深夜にパーティをして騒音を起こすとか、ゴミ出しのルールを守らないとかいった理由で、他の入居者から苦情が来ている、というのです。そして、自分自身には外国人の友人も多い、これは外国人差別ではなく、賃貸アパートを経営する商売上の理由で仕方がないのだと言います。そう言われたら、外国人と言ってもさまざまであり、パーティを好まない人もいればルールを守る人もいる、友人が多いならそれくらいわかるでしょう、と言い返したくなるかもしれません。では、そこでこの大家が、日本人よりも外国人のほうが自宅でパーティをする回数が多いこと、パーティの騒音に対する苦情の件数が日本人よりも外国人のほうが多いことなどを証拠立てるデータを見せたらどうしますか。「なるほどそうか、じゃあ仕方ない」ということになるのであれば、悪意のないこの大家の「ジャパニーズ・オンリー」方針は問題ない、ということになります。

事実なのだから仕方がない、とはなぜ言えないのか

温泉施設と医科大のケース

厳密に言えば差別かもしれないが、悪意ではなく事実に基づいた対応なのだから仕方がない。それはそうだろう、と思った人もいるかもしれません。このような着想が興味深いのは、このとき、ある集団に不利益を与える差別が許容されるかどうかは、この集団についての「事実」にかかっている、ということです。差別は不当で悪質だという価値判断ではなく事実判断が、その行為への態度の鍵を握っているのです。私たちに求められる態度は、何よりも正確な

知識をもつことであり、戒められるべきなのは無知だということになるでしょう。これは、差別のような倫理的問題に対する（感情やその他の態度よりも知識が優位するという意味で）知性主義と呼びたくなるものです。善悪のような価値は人それぞれであやふやだ、厳格な事実が一切を決するのだ、といったイメージに多くの人が魅かれており、知性主義は人気があります。けれども、このような知性主義では、人々が差別に応答する現実を捉えられません。二つの実例に即して考えましょう。

大家の措置に似た事例があります。1999年に北海道小樽市の温泉施設が「外国人の方の入場をお断りいたします。JAPANESE ONLY」という看板をだし、外国人の入場を拒否していたという一件です。この施設の運用会社は、利用を拒否された外国人3名によって損害賠償などを求めた訴訟を起こされました。医科大学の場合と同じように、施設側は外国人への敵意から外国人だけを締め出そうとしていたわけではなく、それなりの理由があってこうした措置に踏み切ったのです。裁判では、「外国人の迷惑行為に苦情が相次ぎ、営業防衛というやむを得ない措置だった」と（私たちの大家の仮想ケースと同じように）主張したからです。体に石鹸を付けたままで浴槽に飛び込むとか、パンツのままで入浴するといったことが、迷惑行為の中身だったようです。[*72] しかし、温泉施設側の主張は認められませんでした。「外国人の一律入浴拒否」は差別だとされ、札幌地裁から損害賠償を命じられました。[*73]

もう一つの事例はふたたび東京医科大学での一件です。この一件をきっかけに、次々に他の医科大学でも同様の不正を行なっていたことが厚生労働省の調査で明らかになり、本来の入試なら合格していたはずの受験者を追加入学させる措置が取られました。女性は年齢を重ねると結婚、出産などで長時間の勤務ができないなど、医師としての稼働が低下するといった言い分は、入試における性差別を許容する理由として認められはしませんでした。

どちらのケースにおいても「事実だから仕方がない」という結果にはなっていません。外国人の迷惑行為があるのだから外国人差別も仕方がない、女性医師が多くなると稼働が低下する医療現場の現実があるのだから性差別も仕方がない、という論法は退けられています。なぜこの論法ではダメなのでしょうか。

問題は、本当に事実かどうかではない

ここで着目してほしいのは、「事実だから仕方がない」という結果にならない理由です。エビデンス（証拠）が不十分で事実としてあいまいだから、「仕方がない」とするには足りない、

＊72　原告の一人による以下の著作には、温泉側の苦悩も記録されています。有道出人『ジャパニーズ・オンリー――小樽温泉入浴拒否問題と人種差別』、明石書店、２００３年。
＊73　朝日新聞２００２年11月12日１面「外国人入浴拒否 温泉業者に賠償命令 札幌地裁 小樽市の責任認めず」

という話ではありません。温泉施設や医大の言い分が退けられているのは、その主張が基づいている事実が不正確だとみなされたからではないのです。つまり差別を認めるかどうかの判断は、正当化にもちだされる状況が本当に事実かどうかにかかっているわけではない。これらの事例はこのことを示唆しています。

実際のところ、温泉施設側にとっての問題は日本人利用客からの苦情であり、外国人が迷惑行為をしていることの主たる情報源はその苦情でしたので、「事実」をきちんと立証したわけではありませんでした。だから、外国人客は迷惑行為をするというのは事実じゃないと言いたくなるかもしれないし、あるいは、事実と呼ぶには曖昧すぎると言えることはたしかでしょう。それでは、温泉施設は、外国人客は迷惑行為をする見込みが高いことをきちんと示すべきだったのでしょうか。プライバシーを考慮すれば監視カメラは使えませんので、従業員が張り込みでもしない限り、それは不可能でしょう。もちろん、原告も裁判所もそのようなことを温泉施設に要求してはいません。

次に、医科大学の場合です。プライバシーを考慮すれば、温泉施設が客の苦情に基づいた推測しかしにくいのに比べ、病院で性別ごとの勤務実態を調査することはより簡単にできるでしょう。現場の実感だけでなく、統計的データとしても信用できるものも入手できる可能性が高いです。しかし、原告側も裁判所も、事実認識に十分な証拠が欠けているから、もっときちんとデータを用いて自らの正当化を強固にせよ、などとは求めていません。事実の精度を高めることがより容易な場合でも、事実の正確さは争点ではないのです。

差別以外の手段がある

では、両者に共通して、「こういう状況があるのは事実なのだから、女性や外国人を差別しても仕方がない」という方便が通用しないのはなぜなのでしょうか。

この2つのケースで問題とされていたのは、迷惑行為への苦情が相次いで常連客の足が遠のいていることと、女性医師は結婚や妊娠などで稼働が低下するという現場の事情がある、ということでした。そしてこの状況に対処するための手段として、それぞれ外国人一律拒否と入試の得点操作による女性学生数の抑制という差別も「仕方がない」という現場の感覚があったわけです。この構図は、先に見た嘘や盗みの正当化と同じです。達成することに価値があると思われる目的があったとき、その目的のための手段であるなら、嘘や盗みのように明らかに悪いことも許されるだろう、という感覚が働いています。

なるほど、嘘、盗み、差別、何であれ、目的を達成するための手段がどれも尽きたときには、悪いことが明らかなことでも「仕方がない」と言わざるをえないのかもしれません。両ケースに共通するのは、このような差し迫った状況ではなかったということでした。状況が苦しいことは事実であることを認め、その状況を変えることが重要だということも認めたとしても、その状況を変えるという目的のために有効な手段が差別以外にもさまざまに見つかるにもかかわらず、それらの手段を試みることなく、差別的措置を安易な手段として持ち込んでしまっていたわけです。

温泉施設のケースでは、迷惑行為を減らすために、温泉の入り方を示す張り紙をいくつかの言語で張り出すという手段が提案され、実施されました。たしかに、迷惑行為を減らすことが目的であれば、このような手段が残されていることは明らかであり、「もうあらゆる手段は尽きた、差別するしかない」というのが飛躍であることも明白だと思われます。

医科大学のケースでは、「正すべきは、若い女性が働き続けることができない医療現場の悪しき労働環境であり、女子学生の入学抑制〔をすること〕でないことは、明らか」という原告側弁護士の意見がありました。医療現場の労働環境を正すことが本来の課題なのであれば、この課題を果たすという目的のために、不正でないよりよい手段を見出すという道は明らかに残されています。「joy.net」ではアンケート記事の最後にこう述べられています。「彼女たちの〈当事者として100%反対はできない〉という意見に納得してしまうのではなく、女性医師の働きやすい職場環境を整える努力、サポート体制の見直しは急務なのだと感じざるを得ません」。そして、このウェブマガジンではこれを「かけ声で終わらせない」ために「医師の働き方改革」への提案へと記事をつないでいます。

仮に、温泉施設が客の苦情以外のより直接的な証拠を提示したり、大学側が女性医師の年齢に応じた稼働率の低下を証拠立てるデータをもちこんだりしたとしても、「差別的措置を安易な手段としてもちこんでいる」ことに変わりはありません。原則的には差別は悪いけれど、「事実だから仕方がない」という方便が通用するのは、その事実を変化させるための手段が尽きたときに限られます。そして、そのような場面は、創意と工夫をもって事に当たる限り、ありそうにないのです。

統計的差別の場合

確認してきたように、「善悪のような価値は人それぞれであやふやだ、厳格な事実が一切を決するのだ」という考え方は、差別をめぐる議論では意外にも無力でした。そればかりではありません。まさに正確な情報データに基づいて下された判断が差別を生じさせるという事態が話題になっています。第2章でも触れた「統計的差別」です。

浴場での客のふるまいを調査するより、勤務時間の調査は簡単に正確にできるでしょうが、情報の精度を上げることが求められているわけではありませんでした。このように、情報の精度向上を「求めない」ことは、単に消極的な意味をもつだけではありません。差別的措置を正当化するために、集団間の違いを表す正確なデータを用いた場合、その行為自体が問題視される可能性もあるからです。

女性医師のほうが男性医師よりも結婚・出産によって退職したり勤務時間が短くなったりするということは、現場の実感だけでなく、その気になれば、過去の統計データによって示せる事実かもしれません。また、こうしたデータをもとに、女性は退職する見込みが高いので昇進機会を与えることはやめよう、といった判断をしたくなるかもしれません。合理的に判断した結果、性別によって人々を区分して女性だけに不利益を与える扱いをしているのです。

こうした統計差別は、「男は仕事、女は家庭」といった単なる伝統的価値観に基づいて男性を優遇することとは違います。結果的に女性だけに不利益を与える措置という意味では同じでも、後者は何の統計にも基づいていないのに対して、前者は統計に基づいているという点で無根拠でないことはたしかだからです。では、統計的差別の何が問題なのでしょうか。「正確な事実」と呼ばれるものが、実際には、中立的ではなく、それ自体差別的な要素をもっているかもしれない、という点が深い問題としてあります。

たとえば、ある会社で、女性社員は早期退職する見込みが高いという事実がたしかに示されたとします。それを理由として、この会社では、女性社員の雇用や昇進を制限するとします。すると、数少なくなった女性社員は昇進の機会も得られないので、早期退職することが増えるという「悪循環」が生じることがあります。[*74] また、その結果として、「女性社員は早期退職する見込みが高い」という事実はより確実なものとなり、また、この事実に基づいて、女性社員の雇用や昇進を制限することになり……、という負のループに陥る危険があります。このとき、女性集団についての「事実」は女性集団の冷遇の結果に過ぎないかもしれません。もともと最初の時点でも歴史的な冷遇の結果が事実として現れているだけかもしれません（実際、東京医科大学を訴えた原告側の主張はそういう理解を含んでいるように思われます）。

人種的プロファイリング

あるいは、しばしば「人種的プロファイリング」と呼ばれる問題をここで指摘することもできます。

仮に、温泉施設が、迷惑行為をするのが外国人であるのは事実だと何としても証明しようとするとします。（以下はもちろん架空の話ですが）監視カメラはつけられないので、客のフリをした従業員に、営業時間中ずっと温泉に入り続けさせるという手が考えられます。しかし、長時間温泉に入り続けるのには限界があるので、交代制で行なうことになるでしょう。とはいえ、外国人客はひっきりなしに入ってくるわけではないので、従業員の体力やコストの非効率性の面を考慮して、外国人客が訪問したときにそのつど従業員に温泉に入らせるということにします。その結果、すべての外国人とは言わないまでも、かなりの外国人が迷惑行為をしているこ

＊74　この「悪循環」については１１４ページの議論と注38も参照。

とがわかった、とします。そこで、温泉施設は、「外国人客は迷惑行為をする見込みが非常に高い」と結論付けるとします。

ここでの問題は、実際にその行為をチェックされているのが外国人客だけであり、外国人客の訪問がないときに他の客が何をしているかはチェックされていない、ということです。「外国人客は迷惑行為をする見込みが非常に高い」という結論は、そもそも、外国人客は迷惑行為をする見込みが高いという想定に基づいて、外国人客とそれ以外の客という区別をつけ、一方の集団の人々だけをチェックする、というそれ自体、差別的と思われる行為の結果に過ぎない可能性があります。

人種的プロファイリングとは、アメリカ合衆国で言えば、アフリカ系、ヒスパニック系、アラブ系の人などが頻繁に警察から職務質問を受けたり、犯罪現場で取り調べを受けたりすることが多く、典型的には、ヨーロッパ系白人にはそういうことが少ない、という現象に関わる概念です。たとえば、アメリカでは、アフリカ系アメリカ人がドラッグの売買のために刑務所に収監されることが非常に多いことが問題になっています。このとき、警察官が、「アフリカ系アメリカ人はドラッグを売買している見込みが高い」というデータに基づいて、アフリカ系アメリカ人を街頭で職務質問し、時としてドラッグが見つかり、犯罪として扱われることになるとします。すると、ふたたび、アフリカ系アメリカ人はドラッグを売買しているという見込みの信憑性が高まり、アフリカ系アメリカ人を街頭で職務質問をし、時としてドラッグが見つかり、いくつかのケースは犯罪として扱われることになる、とします。このときの問題は、先の温泉の仮想ケースと同じです。なぜ、アフリカ系アメリカ人の犯罪が多いことになるのかといえば、それ以外の人たちよりも頻繁に調べられているからかもしれず、その調べ自体が、集団の間に区別をつけ、一方の集団だけをチェックするという差別的と疑われる行為なのです。

人種的プロファイリングは仮想のシナリオではありません。以下は、ニューヨーク州の「ストップ・アンド・フリスク」政策についての報告です。

呼び止められた人の圧倒的大多数——約85％——が、アフリカ系アメリカ人かラテン系の若者だった。ある特定地区では、若者の多くが繰り返し呼び止められていた。そのうち、暴力犯罪に何らかのつながりがあったのは、わずか0・1％、１０００件に1件だった。それでも、薬物所持や未成年の飲酒など、このフィルタリング活動が行なわれていなければ見過ごされていたような小さな犯罪が数多く検挙された。容易に予想できることだが、なかには腹を立てる者もいて、かなりの人数が呼び止めに抵抗したという理由で起訴されていた。

ニューヨーク自由人権協会（ＮＹＣＬＵ）は、「ストップ・アンド・フリスク」は人種差別政策であるとしてブルームバーグ市長らを訴えた。これは不平等政策の一例であり、刑事司法制度の適用を受けて刑務所送りにされるマイノリティの人々の数を不当に増やす政策である、と。黒人が収監される確率は、白人の6倍も高く、警察官に殺される確率は21倍に及ぶ。この数字はあくまで公開されているデータ（実際よりも低く見積もられていることで有名）に基づくものだ。[*75]

この「ストップ・アンド・フリスク」政策は、2013年8月に連邦裁判所のシーラ・A・シェインドリン判事によって違憲判決を下されました。ブルームバーグ市長は、2019年に当時のこの政策は誤りであったと認め、謝罪するに至っています。

ところで、この種の人種的プロファイリングは日本の状況にも無関係なわけではありません。次の発言は、日本とフィリピンにルーツをもつ「ハーフ」の人のものです。

アジア系やと歩いてるだけで疑われるねん。職質やで。靴脱がされねんで。1回とか2回ちゃうよ。きついやろう？　そんなんされたことある？[*76]

この発言の引用元となる論文の著者であるケイン樹里安は、この事例を日本における人種的プロファイリングの問題として次のように述べています。

この若者の外見から、次々と警察官が「麻薬をもっている」ことを予期し、職務質問を行い、公道で靴を脱ぐよう指示する日常が、日本社会にある。典型的な「人種的プロファイリング」

である。「１回や２回」でそれが終わらないのは、それが組織的人種差別であることのあらわれである。[*77]

以上のように、「事実に基づいているのだから差別は仕方がない」と言うことは、一見するよりもはるかに困難です。差別が不当であり悪質であるという価値判断は、事実判断によってはそうそう覆されないのです。では、それほどまでに強力に差別を悪質にしているのは何なのか。これは第２章のテーマでしたから思い出してみると良いでしょう。

悪気がなくても、事実に基づいているつもりでも、私たちは差別していることがある。これが、なぜ差別は悪いと誰もが思っていても、差別はなくならないのか、という問いに対する一つの答えです。差別を根本からなくすことは、単に、敵意を抱かないとか、正確な知識に基づく、というだけでは実現しません。そればかりか、差別をなくそうと努力すること自体が、差

＊75　キャシー・オニール『あなたを支配し、社会を破壊する、AI・ビッグデータの罠』（久保尚子訳）、インターシフト、２０１８年、１４２-１４３頁。
＊76　ケイン樹里安「〈ハーフ〉の技芸と社会的身体――ＳＮＳを介した出会いの場を事例に」、『年報カルチュラル・スタディーズ』vol.5、２０１７年、１７４頁。
＊77　ケイン樹里安「〈人種差別にピンと来ない〉日本人には大きな特権があるという現実――何気ない言動が問われている」、『現代ビジネス』（２０２０年６月26日）

別になることさえある、と言えば驚くでしょうか。次にこの点を見ましょう。

配慮しているつもりが差別になる――マイクロアグレッション

カラー・ブラインドネス発言

２０１８年に公開され、大きな話題を呼んだアメリカの映画に『ザ・ヘイト・ユー・ギブ――あなたがくれた憎しみ』があります。２０１７年に出版された同名のベストセラー小説を原作とし、日本でもあまり間をあけずにデジタル配信が始まりました。[*78] 現在のアメリカ社会における黒人差別の現状をリアルに描いた点で評判の作品ですが、そのなかにこんなシーンがあります。

主人公で黒人の少女スターは、通っている私立高校の同級生で白人のクリスと恋愛関係にありますが、あるとき、クリスがスターに言います。

肌の色は見ていないよ。

肌の色なんて、目の色なんて気にしない、どこで生まれたかなんて関係ない、誰もが同じように人間なんだ――。このような発言は「反差別」の典型的な表現のように見えます。けれども、スターはクリスにこう言うのです。

わたしの黒さを見ないなら、あなたは私を見ていない。（If you don't see my blackness, you don't see me.）

肌の色を見ないことが相手自身を見ることだとクリスは思っているようですが、スターは逆のことを言っています。白人のクリスからすれば反差別的なはずの発言に、差別される側のスターは明らかに苛立っています。肌の色を見ないことが私を見ることなのではなく、逆に、肌のこの黒い色を見ることが私を見ることだ、と。

この場面は、社会心理学において「マイクロアグレッション（micro-aggression）」として研究

＊78　アンジー・トーマス『ザ・ヘイト・ユー・ギヴ――あなたがくれた憎しみ』（服部理佳訳）、岩崎書店、２０１８年。

されている現象にぴたりと符合しています（おそらく、製作者はこの研究を映画に反映させたのではないかと思います）[*79]。マイクロアグレッションに日本語の定訳はなく、そのままカタカナで用いられることが多いですが、あえて言えば、「微細な攻撃」となるでしょうか。さりげなくて、日常的で、だからこそ四六時中、社会の至るところで大規模になされている微細な攻撃です。そのなかでも、クリスの発言は、「カラー・ブラインド」発言と呼ばれ、実は、それ自体、差別的なものとして見られているものです[*80]。

カラー・ブラインドであること、肌の色は見ていない、肌の色は見えないということのどこが差別的な攻撃なのでしょうか。再び映画に戻ってみましょう。スターは、アフリカ系アメリカ人の集住地域に住んでおり、中学校までは地域の公立学校に通っていましたが、母親が将来のことを考えて、地域から離れた白人の多い私立高校に通わせることにしました。エリート高校風の制服のスターを、地元のかつての仲間がからかったり、疎遠な存在になってしまったかのように扱ったりすることもあります。父親は、黒人差別との戦いに身を賭したことのある人物で、家には黒人公民権運動の指導者であったマルコム・Xの写真が貼ってあります。スターの部屋にはTupac（または2pac）という黒人ヒップホップ・アーティストのポスターが貼ってありますが、この映画のタイトル『The Hate U Give（あなたがくれた憎しみ）』はTupacの言葉に由来しています。こうした生活の中で、スターは自分や家族の置かれている境遇について思い悩んでいるのです。

これらの全体がスターの人生であり、日々感じたり考えたりしている事柄であるわけですが、その人生や思い悩みはどれも彼女が黒人であるということ、肌の色が黒いことから切り離せません。彼女の肌の色が黒いことを単に無視することは、彼女の悩みや痛みに付き合うつもりがないというだけでなく、彼女が誇りとする家庭や文化にも関心がないということ、つまり、彼女の人生に興味がない、ということになるでしょう。もっとも、クリスはヒップホップのファンなのですが、その背景にある歴史や意味を知ろうとせずに、単に踊れる音楽として消費していることも、スターの心を冷めさせているように見えます。

マイクロアグレッション研究の第一人者であるデラルド・ウィン・スーは、問題の言動を「無効化（Invalidation）」と呼び、たいてい無意識のうちに、有色の人の考え、感情、経験された現実を否認したり無化したりするコミュニケーションだとしています。カラー・ブラインド

＊79　マイクロアグレッションについては以下が代表的な研究書であり、本論の記述もこれに依拠しています。デラルド・ウィン・スー『日常生活に埋め込まれたマイクロアグレッション――人種、ジェンダー、性的指向：マイノリティに向けられる無意識の差別』（マイクロアグレッション研究会訳）、明石書店、２０２０年。

＊80　カラー・ブラインドの日本語訳は「色盲」であり、色覚異常者とされた人々を形容する語として定着しています。しかし、一定の人々の知覚を異常とし、またその知覚を「色盲」として特徴付けること自体に含まれる問題が指摘されてきました。「色盲」と呼ばれる知覚の現実とその歪んだ解釈の歴史に分け入る著作として以下は参考になります。馬場靖人『〈色盲〉と近代――十九世紀における色彩秩序の再編成』、青弓社、２０２０年。

ネス発言は、典型的に、人種差別の現実や歴史を否定する点で差別に加担するものと考えられているのです。たしかに、通常、色がないというのは白色のことを意味する以上、肌に色がある人からすれば、クリスのような発言はいかにも白人側からなされる自己中心的な見方を、あたかも反差別的な配慮を装って押し付けてくるようにも見えます。実際、スーの研究では、カラー・ブラインドネス発言は「白人が人種の事実を認めたくないことを含意する発言」とされ、中立的態度とは考えられていません。歴然と存在している人種差別の歴史や現実が、あたかも存在しなかったかのように、あるいは気にするべきでない（つまり、無関心であるべき）ものであるかのように扱われているのだとすれば、問題は大きいと言えるでしょう。

歴史や現実の軽視が差別につながる

無意識的で悪気があるわけではないのだから、そんなに大きな問題でない、と思うかもしれません。しかし、次の発言と比較したらどうでしょうか。ある人物（Tさんとしましょう）が、ユダヤ系の友人に、「ユダヤ人とかユダヤ人でないとかいうことは関係ない、宗教や民族性は関係ないのだ」と言うとします。すると、友人は、ナチスによるユダヤ人迫害や大虐殺のことに触れ、そのような歴史をもつかどうかは、この社会に生きる上でさまざまな違いを生み出している、と言うとします。これに対して、Tさんは、いや、でもそれはもう過去のことだと言います。友人は、さらにこう言います。

今も生きている当時の体験者もいる。自分の系譜をたった二つか三つ世代をさかのぼるだけのことでその当時に到達するのだ。もう過去のことだと言えるのは、自分の家族や家族の歴史と関係がないからだ。ユダヤ系かそうでないかの違いははっきりしているじゃないか。

Tさんは、それでも、宗教や民族性の壁を壊すことが反差別の行動なのだと譲りません。そしてこう言いました。

これからの世界のためには、過去のことはもう終わりにしなければならない。ユダヤ人大虐殺があったかどうかはもう関係ない。

Tさんには何の悪意もなく、むしろ友人とフラットな関係をもちたい、ということかもしれません。しかし、ユダヤ人虐殺（ホロコースト）の歴史を軽視したり矮小化したりするという、ドイツやいくつかのヨーロッパの国では犯罪とみなされる危うい行為に近づいています（ドイツ刑法典１３０条「民衆扇動罪[*81]」）。公の場で同じことを述べたなら嫌疑を免れることはほぼ不可能でしょう。

アメリカ合衆国にはドイツのような法律はありませんが、たとえば、大学の授業で先生が、「奴隷制度とか人種隔離政策があったかどうかはもう関係ない」と述べれば、確実に、問題視されるでしょう。それは、人種差別の歴史やその今日に至るまでの影響を矮小化し、それによって、現存する差別の延命に加担すると思われるからです。

マイクロアグレッションの概念を日本語で解説した貴重な論文のなかで在日コリアンの20代女性の次の声が取り上げられています。[*82]

信頼していた人に在日であることを話しても、「あなたはあなた。そういうことで関係が変わったりしない」と言われ、理解されていないと感じた。

このエピソードには、映画で「肌の色は見ていない」と語る恋人に、ならば「私のことは見ていない」と答える主人公スターとの同型性が認められるでしょう。スターには黒人であることによって経験する日々の葛藤、家族や自分たちの歴史があり、それらを無視するならば「私のことは見ていない」と感じていました。信頼していた人に、在日であることを話したとき、自分が在日であることの現実を話せる相手だと思ったのでしょう。「そういうこと（在日であること）」とは関係なく「あなたはあなた」だというのは、むしろ本人の現実の存在から目をそらすことになるでしょう。たとえば、恋人の親に自分が在日だと分かると結婚に反対されたという悩みが話題であった場合、「在日であることとは関係なくあなたはあなた」と言われるなら、この話題を切り出している意味が理解されていません。

おそらくこの人は、先のＴさんと同じく友人とフラットな関係をもちたいと配慮していたのだと思われますが、そうである限り、Ｔさんと同じ問題が生じます。「在日であるとかないとかいうことは関係ない」ということが前提とされる会話では、一般に、日本国籍をもっている人々ともっていない人々の間に存在する違い（参政権の有無など）さえも語れなくなることになるでしょう。さらに、そういう違いを生み出してきた歴史も過去のことでもはや関係ない、といった内容を、たとえば大学の授業で先生が述べるとしたら、やはり、在日の人々に対する冷遇の歴史とその影響を矮小化する点で問題になるでしょう。

＊81　この法律についての詳細は以下の本に書かれています。櫻庭総『ドイツにおける民衆扇動罪と過去の克服——人種差別表現及び「アウシュヴィッツの嘘」の刑事規制』、福村出版、２０１２年。

＊82　金友子「マイクロアグレッション概念の射程」、『生存学研究センター報告書』24号、２０１６年、１２１頁。

差別されていると言えなくなる

気にしすぎなのだろうか——被害者非難の問題

映画『The Hate U Give』の場面で、カラー・ブラインド発言をしたのは、大学の教員や会社の同僚ではなく、恋人という最も親密な関係にある人物でした。一方で、発言が公的な場でなされるほど、その発言は、学業や仕事の業績という収入や地位に関わる不利益をもたらす可能性がある点で、不当とみなされやすくなります。他方で、親しい者同士の私的な場でなされるマイクロアグレッション発言の場合、なるほど収入や地位に関わる不利益をもたらすわけではないものの、差別に関わる問題が生活の細部に深く浸透していくという問題があります。差別されるとしてもそれは外の世界のことで、家族や恋人のような親しい関係では、差別の経験について思い切り悲しみや怒りをぶちまけられる、というわけではないようです。マイクロアグレッション研究は、「肌の色は見ていないよ」や「あなたはあなた」のような最も親しい人の典型的な反応が、意外にも攻撃への加担であることに注意を促しています。

さらに、親しい人からの反応が攻撃的になる場面として次のようなケースが考えられます。たとえば、映画のケースで言えば、肌の色は見ていないというクリスに腹を立てるスターのほうに「気にしすぎだ」「神経質だ」と言いたくなる人もいるかもしれません。あるいは、スターの親友がそう感じて、彼女にそう言うとします。さらには、マイクロアグレッション発言をしている側について、「悪意はない」「相手に配慮しようとした」「会話をしようとしただけ」と言われるかもしれません。この時、「被害者非難（blaming the victims）」と呼ばれる現象が生じ、問題状況が複雑化していることに注意が必要です。攻撃側の発言者の動機や意図が肯定的に語られ、他方、聞き手である被害者側は、性格に問題がある人物のように否定的に語られています。

被害者非難は二次被害の一種として知られているものです。性的な暴力を受けた女性が警察署に届け出を行なったときや、性的なハラスメントを受けた女性が会社のハラスメント相談室に行ったら、（典型的には）男性の警察官や相談員に「どういう服装をしていたのか」「あなたの服装にも問題があったんじゃないか」などと言われる場面が、二次被害の典型例として取り上げられるものです。被害を受けたにもかかわらず、助けを求めた場所で、疑いをかけられたり責められたりしてしまうのです。差別される側を非難したり差別している側を擁護したりすることで、差別される側を二重に苦しめるという構造は、差別の一部としてしばしば認められます。マイクロアグレッションの「気にしすぎだ」という反応もその一種だと言えるでしょう。

ところで、典型的なハラスメント発言の場合には相談室のような場が設けられているかもしれませんが、言葉による攻撃を受けたと感じたときにいつでもそうした相談の場があるわけではありません。映画ではマイクロアグレッションに該当する発言が、恋人からされていましたが、たとえば、学校の先生や社交の場ではじめて会った人からなされた場合、恋人が相談相手になる可能性があります。「悪いつもりで言っているわけではないよ」とか「あまり気にしないで、やり過ごすようにしなよ」とか「あまり神経質になっているとこの社会では生きていけないよ」などと反応するかもしれません。恋人や親や友人には親身に相談に乗ってくれることを期待するはずですが、これらの反応が返ってくるときには、かえって自分自身の性格や行動のほうが問題視され、発言者側や社会のほうが擁護されています。ごく近い関係からも被害者非難は起こりえます。

ただし、このときには、最も親しく、被害者の味方になってくれると期待される人たちによって非難されるわけですから、この被害者非難は特別な意味をもつと思われます。もし、他の人に言っても苦しみを理解されなかった後に、最も親しい人に相談したとすれば、親しい人からの被害者非難は孤立感を強めるに違いありません。恋人や親までもが「悪いつもりで言っていない」と発言者側を擁護してしまうのは、自分の恋人や子どもを苦しめたいからではないでしょう。むしろ、相手がそれ以上傷つかないようにと思っているのかもしれません。あるいは、問題の根の深さや複雑さにどこかで気がつくがために、自分自身の精神的負担への防御が生じ、問題を回避したいということかもしれません。

何を言っても仕方がないという無力感が募るとか、面倒なトラブルメーカーだと思われるのではと思って何も言えなくなるといった問題は、マイクロアグレッションの標的となった人の心の問題に回収できるものではなく、話者〜聞き手〜第三者という関係性のなかで醸成される側面があります。「あなたはあなた」という先のような発言がどういうメカニズムでどういう害をもたらすのかは、マイクロアグレッションなどの研究によって明らかにされてきましたが、そうした研究を知っていなければ、なぜこの発言が問題なのかをクリアに理解して言葉にすることは難しいでしょう。発言を受けた本人にとっても、相談を受けた第三者にとってもそうでしょう。マイクロアグレッションは、はじめて話した人から最も近い人までもが攻撃に加担する可能性があり、その日常性への浸透と大規模さはまるで空気のようです。第三者も「どうすればよいかわからない」と感じて無力感に襲われるとき、被害者非難が生じやすくなるとすれば、悪循環にはまるように思われます。だからこそ、マイクロアグレッションの研究などに触れることで、何気ない発言が微細な攻撃になるメカニズムを認識することの重要性は大きいと思います。

沈黙させることと暴力

マイクロアグレッション発言には、精神的負担があるにもかかわらず、それに反応すればトラブルメーカーと思われたり被害者非難を受けるリスクを高めたりするという特徴があるために、それについて話しにくくなる（そのことによってさらに精神的負担が累積する）という側面があります。この「話しにくくなる」という点は、被害者の「沈黙化（silencing）」として話題になる一般的な問題に通じています。[*83]

子どもが喧嘩しているとき、大人はそれを止めさせ、喧嘩がなぜ始まったのかを説明させるなどして、言葉による解決（仲直り）をしばしば求めます。最初に相手のほうが悪口を言ったとか、物を取ったとか、原因がわかると、暴力によるのではない解決が探られ、謝るとか、返す約束をさせるなどします。物理的な暴力があるとき、言葉による解決は拒絶されており、言葉による解決を目指すには暴力を終わらせる必要があります。言葉による解決は暴力と対照的なのです。言葉で話す可能性を奪うことは暴力を止める機会を失わせ、エスカレートさせることにもなるでしょう。たとえば、拷問は、痛みを与えるだけでなく、痛みを訴える言葉を発することを禁じることで痛みの効果を増すと言われます。

ヘイトスピーチに接したとき、標的になった人の典型的な反応は、聞こえなかったフリをするとか、聞き流すように努めることだという報告がありますが、その理由として、報復を恐れるというものがあります。物理的な暴力による報復の可能性があるとき、言葉による解決を目指すことはできないし、言い返すことは報復されるリスクを高めるでしょう。報復が物理的暴力ではなく、さらなるヘイトスピーチである場合にも、とりわけそれが大規模で繰り返されているとき、暴力同様に沈黙を強いることになるでしょう。

ヘイトスピーチを「言葉」ではなく「単なる騒音（ノイズ）」として聞き流すということは、ヘイトスピーチは、真っ当な言葉のやり取りの一部というよりも、「暴力」として受け取られている、ということかもしれません。物理的な暴力じゃないのだから暴力とは言えない、と感じる人もいるかもしれませんが、私たちは、音楽や映像の表現についても「暴力的」だと言うことがあります。ノイジーなスラッシュメタルの音は暴力的だと言われますし、「暴力的なシーン」を含む映像は実際に公開が制限されたりします。「言葉の暴力」という言い方自体に不自然なところはありません。

言い返せばいい、ではない

ヘイトスピーチは標的になる人を報復への恐れゆえに沈黙させる、という点は、ヘイトスピーチを「表現の自由」の点で擁護する立場への反論になると考える人もいます。[*84] なぜなら、

＊83　沈黙化を含む目下の内容については、次の論文を参考にしてください。池田喬「ただの言葉がなぜ傷つけるのか――ハラスメント発言の言語行為論的探究」、『哲学』69号、2018年。

＊84　West, Caroline. Words That Silence? Freedom of Expression and Racist Hate Speech 1, in: Ishani Maitra and Mary Kate McGowan (eds.) *Speech & Harm: Controversies Over Free Speech*, Oxford University Press, 2012.

ヘイトスピーチは沈黙させることで、標的になる人からまさに「表現の自由」を奪っているように思われるからです。沈黙化させることが暴力の本質にあるとすれば、言葉の暴力も、物理的な暴力に劣らず、暴力的でありえますし、他人の自由や主体性を奪う点で根本的な害をもたらすものと言えるかもしれません。

マイクロアグレッションにおいて「話しにくくなる」というのを沈黙化の一種だとすると、マイクロアグレッションも、ヘイトスピーチと比べて表現自体は一見無害であるにもかかわらず、聞き手にとっては「攻撃（aggression）」という面をもつと言えるでしょう。

この点から見ると、ヘイトスピーチもそうですが、マイクロアグレッションについて、「そんなに嫌なのであれば、言い返せばいいだろう」という反応は、問題の解決には無力だということは明らかです。言葉による攻撃に言い返せと言っても、言い返すことで周囲からトラブルメーカーと見られて孤立したり、被害者非難を受けて問題の所在を転嫁されたりする以上、言い返すこと自体を困難にする条件が整っており、「思ったことを口にする」ことのできる状況ではありません。それを「言い返せばいい」と要求するのは、それ自体、発言者側には何の変化も求めずに、被害者側だけに高いハードルを課し、それを跳び越えることを要求し、さらに跳び越えられなければ非難する、という被害者非難の一種に加担する可能性があります。むしろ、真の問題は、発言者に言い返すどころか、第三者にマイクロアグレッションの経験について話題にすることさえも、自分をさらに傷つけるリスクが高いという仕組みゆえに、差別だと言えなくなること、沈黙させられること、にあるでしょう。

実際、ヘイトスピーチに反対する「カウンター（対抗）」の行動では、標的になっていない立場の人が、標的に向けられたヘイトスピーチに対して言い返すという行動が定着してきました。マイクロアグレッションの場合も、問題は発話者と聞き手で閉じているわけではなく、第三者が被害者非難に回るか、沈黙化を破るような行動を取れるかは重要な意味をもつと思われます。

反差別主義者も無自覚に差別している

あからさまな差別から嫌忌的な差別へ

統計的差別やマイクロアグレッションの研究は、「事実だから仕方がない」「悪意がないのだから問題はない」と言って済まされないのが差別だという点を明確にしました。興味深いのは、「肌の色は見ていない」というカラー・ブラインドネス発言のように、かつてであれば反差別的な発言のつもりで言えたものが、今日では差別的な発言として考察されていることです。かつては反差別的で配慮的な発言と思われたものが、旧時代的でかえって差別的だとみなされる、という時代の変化ははっきりとあります。
1980年代半ばに、社会心理学では人種差別についての研究のパラダイムシフトがあったとしばしば言われます。よく引用されるドヴィディオとゲルトナーの論文に、「あからさまな（overt）人種差別」と「嫌忌的な（aversive）人種差別」の区別があります。あからさまな人種差別は、自他ともに認める人種差別主義者によって、暴力やヘイトスピーチのかたちで公然となされます。それに対して、嫌忌的な人種差別はもっと目立たない仕方で起こるとされます。

嫌忌的な人種差別主義者は、過去の不正義の犠牲者に同情し、人種間の平等の原理を支持し、自分は偏見をもっていないと思っている。しかし、同時に、黒人に対して否定的な感情や信念をもっており、それらは無意識的でありうる。*85

アメリカ合衆国の文脈で言えば、1964年の公民権法で人種隔離的な差別は法的に禁じられることになり、それまで公然とあからさまになされていた差別行為は日常茶飯ではなくなりました。しかし、その結果、80年代にもなると、人種差別など全然していないと信じている人たちの間にも、暗黙のうちに黒人への否定的な感情や信念が入り込んでいるといういわば「内なる差別」が研究者の間で注目を集めるようになりました。
「あからさまな差別」以外のさまざまな差別の形態への着目という意味では、統計的差別やマイクロアグレッションの研究にも共通点があります。ただし、事実に訴えて差別を合理化するとか、ある種の発言や質問をするとかいった場合には、それがどういう害を帰結するのかについては無自覚であっても、行為としては顕在的であり、無意識的になされた、ということはありえません。「そういうつもりはなかった」とは言えても、「そんなことをした覚えはない」とは言えないはずです。ですから、注意すれば行為は変えられます。職場での現実への対応は雇用や昇進の際に差別的な扱いをすること以外にも、さまざまな可能性を考えることができます。また、発言や質問は注意すれば控えることができます。しかし、「嫌忌的な人種差別」の名のもとでドヴィディオとゲルトナーが注目したのは、「偏見」というもっと潜在的な意識の次元だったのです。

潜在的偏見の研究の盛り上がり

その後、数十年で「潜在的偏見（implicit bias）」の研究が心理学で盛り上がり、多くの哲学者も注目するようになりました。自分は反差別主義者であり、誰をも対等に扱っていると信じて

＊85　Dovidio, John. F. and Gaertner, Samuel. L. “Aversive Racism,” *Advances in Experimental Social Psychology* 36, 2004, 3.

いる人も、他人の身体を知覚するというレベルでは偏見がかかっており、偏見の目で見ている、というのです。意図的行為や言語使用といった意識の顕在的な働き以前の、潜在的な次元では、ほとんど誰もが無自覚的な差別主義者だというわけです。

グリーンワルドらによって開発された「潜在的連想テスト（Implicit Association Test: IAT）」は、この仮説を検証するものとして大きな話題を呼んだ心理学的実験です。人種についてのIATでは、上部に対になるカテゴリーが提示され、中央部に白人または黒人の顔写真か、性格などを表す語（英語版であれば、fantastic, happy, evil, awfulなど）が表示されます。被験者は、表示された顔写真の人物や語を、なるべく早くどちらかのカテゴリーに分類します。たとえば、まず、上部の左側に「白人の人々」、上部の右側に「黒人の人々」と提示されると同時に、中央部に白人の人物の顔写真が表示されます。この場合、なるべく早く、上部左側の「白人の人々」を選びます。次のページでは、上部の左側に「悪い」、上部の右側に「良い」とカテゴリーが提示され、中央に「素晴らしい」という語が表示されます。今度は、上部右側の「良い」をなるべく選ぶべきですが、前のページでは、上部の右側には「黒人の人々」と表示されていました。「素晴らしい」が「良い」に分類されることは明らかなはずですが、そこで、間違って左側を選んだり、回答に時間がかかったりした場合、黒人ではなく白人と「素晴らしい」との連想が働いていること、あるいは黒人よりも白人への肯定的態度が検知されます。実験がどういうものかを言葉で説明するのは大変なのですが、オンラインで簡単に日本語版のテストを受けられるので、ご自身で試してもらうのが一番だと思います（https://implicit.harvard.edu/implicit/japan/）。エラーの数だけでなく反応までの時間も計測することで、本人は気がついていない潜在的な偏見が明らかになる、というわけです。予想外の結果が出るかもしれません。

潜在的偏見は、単に実験のなかの知覚だけでなく、実社会の悲惨な出来事に関わってもいます。アメリカ合衆国では、黒人を知覚すると「危険」だと連想する人々の傾向がよく話題になります。エレベーターで黒人と居合わせると、白人はほとんど無意識にカバンを引き寄せるといった例が報告されています。あるいは、単に新しい部屋への引っ越しのために家具を運び込んでいた黒人を見た白人が、武装した泥棒が侵入したものと思って警察に通報する、といった例もあります。運び込んでいたテレビか、机か、何を武器だと見間違えたのかはわかりません。ともかく、知覚のレベルで、黒人の所有物を危険物だと連想するという働きが認められます。

映画『The Hate U Give』のあるシーンは、知覚レベルの潜在的偏見というこの話題を反映させています。主人公のスターは、ある時、初めてのキスの相手である地元の友人と久しぶりに再会し、2人で、車で走っています。当時を思い出しながらキスを交わすなど、濃密な時間を過ごしているとき、警察に追跡されていることがわかります。白人の警察官が近づき、車の外に出て、両手を車のボディにつけるように求められます。先に見た「人種的プロファイリング」に反発したくなるのをこらえて、スターは、こういうときはおとなしく動かないようにするように友人に言います。友人は、おどけるように、ヘアブラシで髪を整える仕草をしようとした途端、警察官に撃たれ、即死します。警察官は、ヘアブラシを拳銃だと見間違え、とっさに撃ってしまったのです。２０１８年には、カリフォルニア州で、警察官が黒人の青年がもっていた携帯電話を銃と見誤って射殺するという事件がありました。知覚における偏見は、最悪の場合には、こうした帰結をも生んでしまうのです。しかも、こうした事件は例外的なものではなく何度も繰り返されているものです。同じ18年にはニューヨーク州でも、筒状のものを銃と誤認した警官が黒人男性を射殺する事件が起きています。

このような最悪のケースには至らなくても、知覚の偏見は日常の細部に潜んでいると思われます。誰をも対等に扱っているつもりだったり、反差別的な信条をもっていたりしても、エレベーターに自分と異なる肌の色の人や障害をもった人が乗ってきたときに、まったくそれまでと同じようにその場にいると思えるでしょうか。危険だとかかわいそうだとか、何らかの連想が働いているかもしれません。頭では、肌が黒ければ危険だとか、障害をもっていればかわいそうだとかいう考えは正しくないと信じていても、知覚の水準では偏見が働いているかもしれない――こう言われて、自分はまったく無関係だと思う人はほとんどいないでしょう。

潜在的偏見のしぶとさ

潜在的偏見に注目した最初の哲学者の一人であるジェンドラーは、他者知覚における偏見の根強さを、「～するべきではないのに……してしまう」と一般的に言い表せる行動の一部だとみなしています。[*86] たとえば、テレビで野球の再放送を見ている人が、良い場面で、ひいきの選手に応援の声をあげてしまうことがあるでしょう。サファリパークを車で走っていて、絶対に安全だとわかっていても、間近にライオンが近づいてくると絶叫してしまう、ということもあるでしょう。再放送を見ながら大声で応援している人がいれば、「もう試合は終わっているから、そんなに歓声をあげても意味ないよ」と言いたくなるかもしれません。頑丈な車の中で震えている人には、「絶対に安全だとわかっているのだから、落ち着けばいいのに」と思うかもしれません。同様に、反差別主義者を自認している人が、ヨーロッパ系白人の顔を見るときとアフリカ系などの有色の人の顔を見るときに異なる反応をするなら、「言っていることとやっていることが矛盾している」と思うでしょう。これらには、広い意味で、「〜するべきではないのに……してしまう」という行動のかたちが共通してみられます。歓声をあげるべきではないのに、つい大声で叫んでしまう。落ち着くべきなのに、震えてしまう。同じように反応するべきなのに、目をそらすなどの違う反応をしてしまう。

私たちは、頭ではそうすべきでないとわかっているはずのことを、いわば思考を裏切って、反応的な行動のレベルでやってしまうようです。誰をも同じように扱っているつもりでも、そ

＊86　Gendler, Tamar. *Intuition, Imagination, and Philosophical Methodology*, Oxford University Press, 2010, chap. 13-14.

の人を見たり、その人に反応したりする仕方は、性別、人種、障害の有無など、集団的な特徴に基づいた偏見を免れていないようなのです。こうした知覚は、潜在的で、下意識的だとはいえ、一定の行動と結びついたものです。自転車に乗っているときに、脇道から車がやってくるのを見ると、ほとんど自動的にブレーキを握っています。ある人が手に何かを持ち上げた瞬間に、発砲する警察官がいます。ブレーキを踏もうとか発砲しようという明確な意図があったわけではないでしょう。見たものを何かと連想する知覚の意識が、人種差別的なふるまいや最悪の暴力を、思想からも意図からも独立に導いてしまうのだとすると、もはや絶望的な気持ちに陥りそうになるかもしれません。

科学との付き合い方

研究が特定のイメージを生み出す

潜在的偏見についての心理学的研究の盛り上がりは、哲学にも影響を与え、差別の問題は意図や知識の次元で済まされないということは、哲学的考察も差別の解消には役立たないように思われる、という悲観的反応をも引き起こしました。しかし、ここではむしろ、科学的研究の結果をそのまま鵜呑みにして悲観的になることの危険性を考えたいと思います。哲学にとっての科学との付き合い方や悲観をはね返すための方法などを考えてみたいのです。

潜在的偏見の研究には、対人知覚における人種別の連想に被験者本人は無自覚だという前提があります。文献によっては、潜在的（implicit）を無意識的（unconscious）と言い換えているものもあります。もし、私たちがまったく無自覚に無意識的にやっていることが問題なのであれば、私たちは自分自身で、そのときにやっていることを直接、自分の意識に問いかけることで知ることはできないでしょう。ある人物の顔から否定的な性格を無意識に連想しているとしたら、そうした潜在的連想はＩＡＴのような間接的方法によってのみ、（私自身はあずかり知らぬところで）検知される、ということになるでしょう。潜在的偏見の実験心理学的研究では、私たち自身は自分の偏見について無力な存在としてイメージされています。

しかし、哲学者の間ではこの前提を問い直す動きがあります。そもそも潜在的とは顕在的との対比で使われる概念であり、はっきりと顕在化した意識ではなくても完全な無意識ではないはずです。この潜在的意識の探究に力を入れてきた哲学の潮流に「現象学」があります。現象学において、潜在的は「無意識的」ではなく「前反省的（pre-reflective）」と呼ばれることが通例です。たとえば、最近、人の多い場所に行ったときのことを思いだしてみてください。多くの見知らぬ人とすれ違ったはずです。その人たちのことをあなたは見ていたはずです。その多くは記憶に残っていないでしょうが、なかには記憶に残っている人がいるでしょう。なぜ記憶に残っているのかと言えば、その人はとても快活そうだったとか、あるいは怖そうだったとかということかもしれません。しかしなぜ、まったく見知らぬ人が快活だとか怖いだとかわかるのでしょうか。性別、年齢、仕草などから快活さや怖さを連想したという面があるはずです。なるほど、その人を知覚したときにはそうした連想は潜在的だったかもしれません。しかし、後から振り返ってみると、若い女性を快活さに結びつけていたとか、外国人の話し方を怖さに結びつけていたとか、そのときの意識を顕在化して分析することは可能です。つまり、潜在的意識とは、反省によって後から顕在化されうるような意識のことだ、という見方も可能なのです。

知覚における潜在的連想はＩＡＴのような間接的手段によってしか検知できず、私たち自身には手も足も出ない、という前提は自明とは言えません。その証拠に、被験者は自分のＩＡＴの結果を十分予測できるという調査結果もあります[*87]。もし、自分は、ある肌の色の人物を見たときにはこういう否定的な性格を連想するといったことにまったく無知であるなら、結果を予測できないはずです。

研究が差別に加担するかもしれない

科学的研究の結果を単に受け取るのではなく、その前提を問い直すことは哲学の重要な仕事です。差別の文脈でこの仕事がとりわけ重要なのは、潜在的偏見の研究は、ある意味で差別の一部となる可能性があるからです。その研究は、知覚に含まれる偏見について私たちは気がつくことも、どうすることもできないというイメージを広めているように思われます。先のジェンドラーのように、哲学者のなかにも、他者を人種として見て偏見のかかった連想をしてしまうこと、それと同時にバッグを引き寄せたり目を反らしたり発砲したりすることを、(頑丈な車の中にいてもライオンが近づいてくれれば震えるのと同様の)自然な「反応」のように語るところがあり

＊87　Madva, Alex. "Implicit Bias, Moods, and Moral Responsibility," *Pacific Philosophical Quarterly* 99(S1), 2018.

ます。これらの言説には、他人を人種として見る行動を自然なメカニズムとして合理化する傾向があります。しかし、人種として見ることは、肌の色や髪質などの特徴で一面的にその他者を切り取った知覚に過ぎないはずです。

現象学的な知覚論の立場から、アルサジは、人種として見ることを自然な反応として合理化することこそ、人種差別の本質だという見方を示しています。人種化する知覚を自然化するときには、人種差別の歴史や社会的文脈などが無視されており、この無視こそ人種差別を延命させるものだからです。[*88] 合理的な説明が与えられると「そういうものだ」という風に思い、その結果として悲観的な心境を吐露するというのでは不十分なのです。

潜在的な意識もきちんと省みるならば、自分自身で把握できるし、分析もできるとすれば、この意識を自分ではどうしようもない「無意識的反応」として扱うことは、私たちの能力を低く見積もることにもなるでしょう。現象学者のメルロ＝ポンティは、心理学や社会学といった人間科学に自分自身についての説明を委ねることで、私たちの主体性が弱体化する危険を1950年ごろにすでに警告していました。自分自身のことを知りたいと思ったとき、自分自身で自分の行為や意識を省みて考えるのではなく、科学に説明してもらう、という受動的態度は今日ますます一般的です。自分が意識していることや行なっていることは、結局、心理機制とか社会的環境によって条件づけられており、(哲学ではなく) 科学的に解明されるメカニズムによって説明されるというイメージをもっているように思われます。もちろん、科学によって説明されることはたくさんあります。私が怒っているときの脳状態について私自身に知りうることは何もありませんので、脳科学の知見を得たいと思うものです。けれども、自分自身の意識について知るために自分自身で考えることをしなくなるならば、意識の主体としての私たちの能力は当然後退するでしょう。メルロ＝ポンティの言うように、「結局はさまざまな心理機構や外部の歴史の操り人形にすぎないではないか」という懐疑に陥って自分を見失うかもしれません。[*89] 自分自身で自分自身の意識について知り、その意識について考えなければ、どうやってその意識を変えられるかを語り合えるでしょうか。

あるいは、科学的説明を理解するだけで大変な知的労働であり、その上で、自分自身で考える余裕などない、と思われるかもしれません。あるいは、意識の変え方も、自分自身の努力ではなく、医者の治療のように科学者にやってもらいたいと思う人もいるかもしれません。実際、潜在的偏見の研究のなかには、コンピューターサイエンスと結びついて治療的効果を及ぼそう

＊88　Al-Saji, Alia. "A Phenomenology of Hesitation: Interrupting Racializing Habits of Seeing," in Emily S. Lee (ed.) *Living Alterities: Phenomenology, Embodiment, and Race*, State University of New York Press, 2014. 彼女の「人種化する知覚」は以下の著作でも触れられています。小手川正二郎『現実を解きほぐすための哲学』、トランスビュー、2020年、100‐103頁。

＊89　メルロ＝ポンティ「人間の科学と現象学」、『人間の科学と現象学』（木田元編）、みすず書房、2001年、46頁。

とするものもあります。たとえば、ある装置を使ってバーチャルリアリティーのなかに入ると、リアルな身体の動きに合わせてアバターもそっくりに動きます。しかし、そのアバターはあなたとは違う肌の色をしています。つまり、自分とは違う肌の色の身体が、自分の動きをしているというわけです。この体験をした後に、ＩＡＴを受けるとスコアが良くなる、という報告もあります。[*90]もしそうした研究開発が進めば、私たちは自分で自分の意識を省みたりすることなく、偏見を減らせることになると言えるようにも思えます。

しかし、哲学にとって重要な仕事の一つには、科学との付き合い方を考える、ということがあると思います。歴史的には、ナチスの優生学など、科学の名の下で人種差別が正当化されることがありました。現在では、さまざまな分野の科学者が、人種は疑似科学的な概念であり、人種は存在しないことを主張しています。[*91]歴史的に見れば、人種の区分はしばしば変化してきたし、それも白人中心主義者の恣意的な分類に基づいていることが多いことが主張されてきました。遺伝学的に言っても、黒人とかアジア人に対応する遺伝子の組み合わせは存在しないことは明らかだとされています。この最近の傾向は、反人種差別の動きを後押しするもののように見えますが、ここで一度考える必要があります。[*92]「黒人もアジア人もないんだ」という主張は、カラー・ブラインドネス発言と同じように、差別の現実を見つめるためには無力です。

科学的主張の前提を批判したり、その効果を疑ったりする姿勢はたしかに大切でしょう。しかし、「だから科学は信じない、科学とは付き合わない」という姿勢は望ましいものではありません。それではむしろ、重要で影響力をもつ知の現場から目をそらし、思弁に閉じこもることになるでしょう。そのような自己満足的な態度は無責任でしかありません。あくまで「付き合い方」が重要なのです。

＊90　ここに紹介した内容は、筆者の一人がメル・スレイター（Mel Slater）によるプレゼンテーションに出席したときのものです。メル・スレイターはバルセロナ大学の研究組織 Event Lab（Experimental Virtual Environments for Neuroscience and Technology〈神経科学と科学技術のための実験的ヴァーチャル環境〉）を運営。

＊91　以下の本が参考になります。ベルトラン・ジョルダン『人種は存在しない――人種問題と遺伝学』（山本敏充監修・林昌宏訳）、中央公論新社、２０１３年。

＊92　「人種は存在しない」ということが現実の人種問題を隠蔽する危険性については以下を参照してください。池田喬・小手川正二郎「人種は存在するのか？――差別に対するフェミニスト現象学的アプローチ」、稲原美苗・川崎唯史・中澤瞳・宮原優編『フェミニスト現象学入門――経験から「普通」を問い直す』、ナカニシヤ出版、２０２０年。

接触理論の着想

「どうなっているのか」と「何ができるのか」

自分自身のことを考えるとき、私たちは、「自分はどうなっているのか」という問いと同じくらい、「自分には何ができるのか」という問いに関わっているでしょう。私たちの存在は、過去と現在だけでなく未来に開かれてもいます。自分は内気で、それは小学校のときに仲間はずれにされたからだと考えている人は、きっと、もっと積極的に人と交わるにはどうすればいいのか、自分には何ができるだろうかを考えているでしょう。差別に関しても、何気ない言動がある集団の人々に一方的に不利益を与えていることや、潜在的な知覚に偏見がかかっていることを分析することとは別に、では、それらをどうやったら解消できるか、解消できないとしてもどうやったら減らせるかを展望するという課題があります。前者の現状分析に比べると、後者の未来への展望は現実から遊離するように思えるかもしれません。何しろ、未だ現実にはなっていないことを考えるわけですから。

しかし、私たちに何ができるかという問いは、現実のなかで試みる、という仕方で探究することもできます。積極的に人と交わるために何ができるかを、頭で考えることもできますが、身近な人以外と話すことを以前よりも増やすことで、試行錯誤しながら探究するという手もあります。差別の場合は、個人的な努力の域を明らかに超えた、複雑な社会構造や歴史が控えています。それでいて、あまりにも習慣化して日常の動作に入り込んでいる面もあります。すると、個人ではなく、たとえば、学校や会社などの制度的な単位で、かつ、長いスパンで試行錯誤することが求められるでしょう。

　頭のなかだけで考えていると、私たちは一挙に問題を解決するプランを夢見たり、そういう万能なプランが思いつかないなら解決不能だと悲観的になったりしがちです。しかし、たとえば、マイクロアグレッションや被害者非難は、「それをした覚えはない」ということはない自覚的行為であるから、それがもたらす不利益や害を知れば、発言を控えたり、発言内容を変えたりすることが動機づけられます。それによって、差別について語れなくなる沈黙化を破るような環境作りを試みることも可能でしょう。潜在的偏見は、習慣化していてしぶといですが、習慣である以上は変えられるはずです。

接触理論の試行錯誤

たとえば、１９５０年代に社会心理学者オルポートが提唱した「接触理論（contact theory）」は、近年、差別研究のなかで見直されてきた探究の一つです。[*93]「女性は感情的であり、男性は理性的だ」という偏見は、少し相手のことを知るだけで、本当はそんな単純な見方は成り立たないことがはっきりするでしょう。しかし、相手と接触する機会がなければ、あるいはあまりにも少なければ、偏見が解消するチャンスもありません。「アフリカ系アメリカ人は危険だ」「イスラム系の人々はテロリスト予備軍だ」「障害者は不幸だ」といった目で人々を見ることも、相手と個人的に接触する機会が多い場合には、そうした機会が少ない場合よりも、減ることが期待されます。オルポートの接触理論は、偏見の問題は相手のことをよく知らないことが結局の問題であり、相手と接触することが増えれば、カテゴリー化するのではなく個人として相手を見るようになる、という着想に基づいて構想されています。そして、その理論は多くの実践に適用され、実証的研究によってその効果が確かめられてきたものです。また、この実践への適用はそれ自体、教育や仕事の場をより差別の起きにくい環境に変化させようとする実践でもあります。

ここで注意が必要なのは、この理論は、さまざまな特徴をもった人々が単に交じり合いさえすれば問題は解消される、というものではない、ということです。オルポートは、接触は共通の目標を追求するような共同の活動であること、その接触はお互いが親しくなれるくらいに十分長いこと、接触は個人的な親交ではなく学校や会社のような制度化された環境でなされること、などを条件として挙げています。一定の時間にわたって制度的環境で共通の目標を追求する共同活動に従事するというのは、逆に言えば、自分が属しているのではない集団（外集団）

の人とたまたま出会って個人的に何度か食事をした、といった文化交流的状況とは違う、ということです。単に同じ場所にいるというのではなく、スポーツの試合に勝つとか共同でプレゼンテーションを成功させるといった目標を共同で追求するときには、その人個人は何が得意か、何を達成してどう貢献したか、といったことに多かれ少なかれフォーカスすることになるでしょう。単に何度か会って話したというのではなく、一つのプロジェクトに従事するときには、一定の時間をかけてお互いに付き合う方法を見出そうとするでしょう。個人的な親交で仲良くなった場合には、自分は、自分が属する集団（内集団）の他のメンバーよりも、自分が属していない集団（外集団）に近いのだという自信が生まれ、かえって「〜って……」と語りがちかもしれません（たとえば、恋愛関係を周りよりも早く経験した子どもが、周囲に「女（男）ってさ……」などと得意そうに語るように、です）。

接触理論には困難も指摘されています。接触によって相手と親しくなって個人として見るようになっても、かえって「この人は女なのに理性的だ（この人は男なのに感情的だ）」という例外扱いになり、この人が属している集団全体への評価は変わらない、という問題が指摘されてい

＊93　オルポートの接触理論は以下の著作で表明されています。Ｇ・Ｗ・オルポート『偏見の心理』（原谷達夫・野村昭訳）、培風館、１９６１年。差別と平等の哲学の重要な論者のなかでは、エリザベス・アンダーソンが接触理論に着目しています。Anderson, Elizabeth. *The Imperative of Integration*, Princeton University Press, 2010.

ます。それゆえ、相手を単なる個人として見るようになるというよりも、お互いが別の集団に属していることを意識しつつ親密な関係を築く、というのでなくてはダメだ、という考えもあります。[*94]

接触理論は、私たちの根強い偏見や差別的態度が問題になった後、それでも私たちに何ができるかを、思弁ではなく現実の場で、制度的環境のセッティングを変化させながら、試行錯誤する一つの方向性を示しています。その着想はわかりやすく、効果も見られる点で一つの指標になるでしょう。

私たちにとっては、最後の接触理論の適用実践から得られた教訓も興味深いものです。マイクロアグレッションの議論によれば、「肌の色は見ていない」や「あなたはあなた」という発言は、相手の背景を知ることを回避し、差別の現実や歴史を矮小化する点で、差別助長的な面がありました。こうした議論において、相手を同等の道徳的価値をもつ存在として扱うことは、背景や歴史を欠いた無色透明の個人として扱うことではありません。むしろ、肌の色や出自のような特徴によって区別された現実を生きる存在として、その現実について語りうる主体として尊重することを要求しています。映画『The Hate U Give』の主人公スターは、「わたしの黒さを見ないなら、あなたは私を見ていない」と言い、在日コリアンの20代女性は「あなたはあなた」と言われて「理解されていない」と感じたことを報告していました。偏見の目でではなく相手を「あなた」として見るということは、そういう厚みをもった人としてその存在を認めることに進まなくてはならない。「あからさまな差別」から「嫌忌的な差別」への重心移動はそういう試行錯誤を求めているのだと思います。

ためらいの好機

見方が変わるという経験

接触理論は、制度化された環境で共通の目標を追求する活動において、別の集団に属する人々が交わるという局面を重視していました。その効果については、教育心理学などで緻密な検証が行なわれてきましたので、そちらを参照してほしいと思います。ここでは、特に目的がなくても、制度的でない親密な関係などでも、交流や接触が偏見の軽減に役立つ可能性を開い

＊94　潜在的偏見への対応としての接触理論の展開、その日本における実証的研究、またその問題点の指摘など、以下の論文は見通しのよい紹介となっています。池上知子「差別・偏見研究の変遷と新たな展開——悲観論から楽観論へ」、『教育心理学年報』53巻、２０１４年。

ておきたいと思います。
ハスランガーという白人の哲学者は、アフリカ系アメリカ人の子どもを養子に取り、母親として育てています。彼女は、そのなかで人を見る目、感じ方、帰属意識などが変化したことを報告しています。たとえば、イベントなどに行くとき、以前はそう感じなかったけれども、今では白人の顔ばかりだと落ち着かなくなった、と言います。そういう場に子どもと一緒に来たときに、白人の人々が彼女の黒人の子どもたちを見て、「あれ?」といった反応をしてきたし、そのときに子どもたちが傷ついているのを肌で感じてきたのです。自分の子どもたちへの害が自分自身への害となることで、人種差別は理屈の上のことではなく自分自身の経験となった、と言っています。[*95]
あるいは、潜在的偏見の研究との付き合い方を論じたときに触れたアルサジも、彼女のパートナーが長い付き合いのなかで、イスラム系女性に対する見方を変えたことを報告しています。彼女とパートナーがフランスで出会った頃、フランスではイスラム系女性のスカーフ(アラビア語でヒジャブ)の公立学校での着用を禁じるかどうかが議論になっていました。彼女はイスラム系家庭に生まれ、母親も祖母もスカーフを着用しているし、スカーフを着用している女性でも高い教育を受け、弁護士などの重要な仕事に就いている人を知っているため、「スカーフはイスラム社会における女性の抑圧の象徴だ」という、パートナーを含めたフランス社会の多数派の信念は偏っていると感じていました。彼女はパートナーに何度も話したものの説得することはできなかったのですが、何年も経って今度は移住したカナダのモントリオールで似た議論が生じたとき、パートナーの態度は変わっていた、と言います。その頃には、彼はアルサジの母親や祖母とも何度も会っており、彼女たちは彼の生活の一部になっていました。「スカーフをしたイスラム系女性」という同質の存在ではなく、一人一人が別の人間であることが見えてきたのです。たとえて言うなら、制服のまったくない社会から日本に来たら、同じ制服を着て学校に行く日本の子どもたちはどれも同じように見えて、「制服は日本社会における子どもの抑圧の象徴だ」と思うかもしれません。しかし、実際に子どもたちに触れてみれば、違いがあり、その子たちなりに複雑な人生を生き、悩み、経験している生身の人間であることがわかるでしょう。もっとも、制服が一種の抑圧の象徴だということも間違いではないかもしれません。そういう側面があったとしても、「日本の子どもたちはみな抑圧された不自由な存在だ」というステレオタイプで見ることは、本当にこの子どもたちを見ているとは言えないのです。

一緒に見ること、新たな習慣の獲得

アルサジは、パートナーは「見ることの新たな習慣」を獲得したという風に言っています。

＊95　Sally Haslanger and Charlotte Witt (eds.) *Adoption Matters: Philosophical and Feminist Essays*, Cornell University Press, 2005, chap.9.

潜在的偏見が示しているように知覚の水準での偏見は根強いものです。いかに反差別主義的な信念を抱いていても、言葉で説得されたりしても、生き残ります。それゆえ、これではお手上げだと悲嘆にくれる人もいるのです。しかし、ある集団の人々をある特徴に結びつける連想はあくまで習慣によって身につけたものです。黒人は危険だ、白人は快活だ、スカーフをした女性は抑圧された存在だ、などと生まれたときから見ているわけではありません。頑丈な車の中で安全だとわかっていても、ライオンを見ると震えが止まらないという例もありましたが、幼い子どもは何が危険かはわかっていません（なので、大人たちは「危ない、触らない」と言って、危ないものを見分けて適切に反応するようにしつけます）。いかに強力であっても、習慣である以上、生まれる前から決まっていて生涯変えられないというわけでなく、変化を許容するはずです。しかし、潜在的偏見の研究が示すように、信念や説得のような頭だけの知識は習慣を変えられる力をあまりもたないようです。アルサジが示唆しているのは、染み付いた習慣を変えられるのは、別の「新たな習慣」を身につけることだ、ということです。古い習慣には新しい習慣によって対抗できるのです。

アルサジは、この新たな習慣の獲得のポイントを「一緒に見ること（seeing with）」と名付けています。彼女のパートナーに起こったことは、スカーフを着用したイスラム系女性たちを、かつては単に抑圧された女性として一まとめにして見ていたのが、今では、それぞれ別々の人生を生きるそれぞれの人として見えてきた、という風には記述されていません。彼女の母親や祖母が生活の一部になることで、パートナーに起こったのは、彼女たち「を」見るのではなく、彼女たちと「一緒に」世界を見ることであり、この知覚の方向の転換が、「見ることの新たな習慣」の獲得を可能にした、とアルサジは分析しています。

転換点は、イスラム系女性が「見る対象」ではなく、世の中を「一緒に見る」相手になったことにあります。日常的な食事の準備であれ、テレビに映るニュースであれ、街中での人々の様子であれ、「イスラム系女性」と一括りにされていた人が今や、自分と一緒にこうした世界を見て、それについて語ったり、何かを行なったりする人になっているわけです。ハスランガーの場合も、アフリカ系アメリカ人の子どもたちと一緒にイベントの様子を見ることで、場に対する態度が変わったことを語っていました。

その人たちを単に一方的に見るのではなく、その人たちと一緒に世界を見るという態度は、その人を対等な存在として見ることの重要な要素だと思われます。発達心理学においては、対人コミュニケーションの第一歩は、お互いを見ることではなく、お互いに自分たち以外のものに一緒に注意を向けることだとされています（共同注意）。大人がコップを指差して「これはコップ」と言うのを聞いて、コップという言葉を学ぶためには、「これはコップ」という声を出している大人ではなく、コップのほうに一緒に目を向けることが必要です。相手を単に観察する対象ではなく、感情をもち思考する一人の人として相手を見るには、一緒に世界を見ることが必要だと思われるのです。

アルサジはこうした新たな習慣の獲得は、彼女のパートナーの場合には親密な家族の関係で生じたけれど、仕事や学校でも可能だろうと述べています。先に見た接触理論は、制度化された環境で共通の目標を追求するなかでの接触に力点を置いていました。共通するのは、お互い「を」単に見るのでも、ただテーブルについて対面で議論するのでもなく、スポーツやアクティビティなどの共通のテーマに向かって、そのなかでそれぞれの見方や考え方に触れる機会が得られる、という点でしょう。

アルサジは、習慣に変化が生じる経験を「ためらい（hesitation）」と呼んでいます。他者を人種として見る視線は、ほとんど自動的で猶予を許さない素早さで反応します。これに対して、ためらいは、「自分が思い込んでいるのとは違うのではないか」という疑いが生じるときであり、いわば、自動化した知覚の瞬間を止めることだと言えるでしょう。そのとき、その同じ他者が、自分の思い込みには決して収まりきらない多面性と奥行きをもって現れはじめているでしょう。

アルサジのパートナーがイスラム系女性の近親者「と一緒に」世界を見たり語ったりすることは、相手をステレオタイプで見る態度から、物事を自分とは異なる観点から認識したり考えたりしている一人の人間と接する態度への変化を示しています。ただし重要なのは、このとき、「一人の人間」であるために、（カラー・ブラインドネスの思想が想定しがちなように）イスラム系女性であるというその人のバックグラウンドを無視することは要求されていない、ということです。むしろ、イスラム系女性として生きてきた一人の人間にこそ言えることがあると気づくかもしれません。その意味で、相手と一緒に世界を見るという新たな習慣の獲得において、自分の思い込みには収まりきらない奥行きをもった他者が現れているのです。

これは、知覚の奇跡的瞬間ではありません。むしろ、偏見の影響で力を失っていた知覚が元来の状態に戻ったと言えるでしょう。他人が泣いている顔を見るとき、筋肉の動きとか皮膚の色とか物理的な要素だけを見ることは非常に困難です。治療のような例外的状況ではそういうこともありえますが、そのときの知覚は極めて専門的で特殊です。通常、他人が泣いているのを見ることとは、その人が痛みで苦しんでいたり、悲しんでいたりすることを知ることです。どんな痛みなのか、なぜ悲しんでいるのか、私には決して完全にはわかりません。私の思い込みには回収できない、その人の感情や思いが見えては隠れます。他人とはそもそもそういう存在だったはずなのであり、だから、相手を決めつける偏見の目で見ることは、見られる側にとっても見る側にとっても「自然な反応」などではないのです。むしろ、偏見の目で見ることは、他人への歪んだ態度が社会のなかで学習され、習慣化されたものなのです。

終　章

差別の問題とこれからの哲学

三つの問いと歴史への視点

これまで3章にわたって、差別をめぐる三つの問いに取り組んできました。差別とはどういうものか、差別はなぜ悪いのか、差別はなぜなくならないのか、でした。

第1章では、「差別とは人々の間に何らかの特徴に基づいて区別をつけ、その一方にのみ不利益を与える行為だ」という「不利益テーゼ」を一般的な差別の捉え方として取り出したあと、このテーゼにすっきり当てはまらない事例（アファーマティブ・アクション、ヘイトスピーチ、ハラスメント、いじめ）を検討することで、この問いを深めました。

こうした事例を多面的に検討することを通じて、第1章の最後では、差別は、そのとき限りの行為には収まらず、すでに存在している歴史的基盤に立ってなされるという局面が見てとれました。ハラスメントであれ、いじめであれ、そこに歴史的背景があるときに差別との関連が顕著になることがわかり、差別の歴史性という問題が浮き彫りになったわけです。

第2章では、差別を単なる区別ではない悪質なものにするのは何かをめぐって、四つの考え方を紹介し、それぞれの考え方の利点と難点について考えました。これらの検討を通じて見えてきたのは、ある説をとると、ある典型的な差別の事例はうまく拾えるけれど、別のどう見ても差別としか思えないような事例を取りこぼしてしまったりすることが多い、ということでした。たとえば、心理状態説を取ると、敵意、嫌悪、不合理な判断に基づいた明らかに悪質な差別をうまく説明できる一方、敵意には基づかない間接差別や統計的差別のような事例を説明できなくなってしまいました。

そこで、第2章の最後には、どの説にも利点と難点がある以上、それぞれの説をうまく組み合わせたり、事例によって使い分けたりするという方向性について検討しました。しかし、それによって明らかになったのは、差別を哲学的に考察しようとするなら、その考察をしている自分たち自身が歴史の中に生きており、歴史の重みに繰り返し立ち返らざるを得ないということでした。

第3章では、差別は悪いと誰もがわかっていてもなぜなくならないのか、という問いについて、統計的差別、人種的プロファイリング、マイクロアグレッション、潜在的偏見といったキーワードを使って、その問題の根の深さに触れました。差別行為が別の目的のための手段として正当化されたり、反差別的なふるまいのつもりが差別行為の連鎖に関与する結果になったり、あるいは、反差別的な信条をもっていても知覚的応答のレベルでは差別的なふるまいを止めることはできなかったり、といった現象について考えました。

第3章の最後のほうでは、私たちの中にあるこうした執拗な差別的傾向を前にして、どのような取り組みが可能かを、学校や会社のような公共的な場面と、家族や友人のような私的な場面の両方について考察しました。科学との付き合いを含めて、私たちには、生活の面でも、差別を論じるという研究の面でも、注意すべきことや気がついておくべきことが多くあることが見えてきました。

第1章と第2章の着地点をあらためて振り返ると、両方の章で、差別を哲学的に考察する上で避けて通れない歴史の重要性に突き当たっていました。差別とそれに類する行為の異同を確かめようとすると、その行為の歴史的背景が差別との関連を浮き彫りにするものとして働きますし、差別の悪質さを説明する理論を使い分けようとすると事例自体にかかっている歴史の重みに依拠せざるを得ないことがわかりました。

私たちは、この歴史というものをどう受け止めるかということが、差別を哲学的に考える上でとても重要だと思っています。歴史というと、教科書に載っている年表のような出来事の連鎖とか、あるいは、歴史的に重要とされるそうした出来事についての記述のことを思い浮かべるかもしれません。たとえば、米国における奴隷制や人種隔離政策はどんな世界史の教科書にも載っている史実です。そして、名前の頭文字で集団を分け、教室の前後に席を区分して指定することと、黒人を後ろに白人を前にという座席指定の間に明らかな違いを感じるとき、私たちは明らかに、黒人に対する人種隔離政策の歴史的事実を参照しているでしょう。こうした歴史を学ぶことの重要性はもちろん言うまでもありません。

ただし、ここで言う歴史はそういった大文字の歴史に限定されるものではありません。たとえば、第2章では、「〈女は会社の花だからつねに笑っていなさい〉という部長の言いつけを。私たちは昔から知っています」という文章を引用しました。このとき、この部長の言いつけが何を意味しているのか、それが性差別的な発言という意味をもつことを理解するのに、女性とみなされる人たちが類似の経験をずっとしてきたこと、その経験について語られてきたことが参照されています。また、この種の発言は、それ以外のさまざまな発言やふるまいと大きな意味連関をなし、その意味連関が日々の生活のなかで作動し、あるいは定着したり強固になったりするなかでそれとして差別的な意味を帯びるのであり、その発言の意味を理解するということは、こうした意味連関が歴史的状況として存在することを前提するのです。これらの経験についての語りや意味連関は、歴史の教科書に掲載されるようなものとは異なっています。

このように、大文字の歴史とそれ以外の歴史の両方に言及するのは、差別を理解したり哲学的に考察したりするときに呼び出される歴史が、ある行為に差別という意味を与える背景になっている文脈のことを指しているからです。私たちは、第2章の四つの見解のうち、ある行為を悪質にするのは何かという問いに対して、この歴史的文脈への視点がはっきりと強調されているがゆえに、社会的意味説を特に重要な説だとみなしています。

差別の哲学の不在とこれからの哲学

最後に、「差別の哲学」についての本はこれまで日本ではほぼ皆無であった状況で、本書を世に送り出すにあたって、この状況そのものについて私たちの考えるところを述べさせてください。[96]というのも、日本では「差別の哲学」はまだまだ未開拓であるがゆえに、本書では海外の文献を多く集め、その議論状況を紹介することに主軸を置いたわけですが、そこには、日本におけるこの差別の哲学の不毛さを変化させたいという思いがあるからです。

第一に、日本で差別の哲学が不在であったのは、日本に差別がない、あるいはなかったからではない、ということをはっきりと確認したいと思います。本書のなかでも、被差別部落の出身者や在日コリアンの人々への差別という日本に特有の差別に触れましたし、女性差別については国際的に見ても日本での問題は深刻なことも指摘しました。のみならず、人種的プロファイリングやヘイトスピーチのような、差別論が扱ってきた行為は、日本の文脈でも「ハーフ」や在日コリアンを標的として繰り返されてきたことも確認しました。日本で差別の哲学が不在であったのは、差別のようなイシューは哲学の問題ではなく、社会学や法学の領域で扱うものだと思われてきたからでしょう。それゆえ、本書では、差別について少なくとも（アファーマティブ・アクションについての論争が盛り上がった）70年代以降、半世紀にわたって差別について激しく議論してきた米国の哲学者たちの文献や、あるいは、それ以外の国からの倫理学や政治哲学の議論を広く収集して、日本の状況にもフィットさせつつ紹介するという方向性を取ることになりました。

その反面、障害者に対する差別をほとんど取り上げることができませんでした。それは、「差別の哲学」は人種とジェンダーによる差別を典型例として（特に、米国における人種隔離政策やヨーロッパにおける反ユダヤ主義の経験に基づいて）国際的に展開してきており、障害者差別についてはまだ議論の蓄積があまりないからです。たとえば、ヌスバウムは２００６年に原著が出版された『正義のフロンティア』で、障害者を未開拓の考察領域として挙げています。[*97] 他方、日本においては障害者差別を差別の典型として思い浮かべることが多く、そのことには障害当事者による反差別運動の歴史が大きな影響を与えています。その一方で日本には人種差別や性差別はないという意識が強く働いてきました。こうした事情ゆえに、人種やジェンダーをパラダイムとした哲学的議論を日本で紹介することには意味があると考えるとともに、日本の文脈における障害者差別への抵抗の歴史をパラダイムとした差別論を構想する可能性もあると考えています。

＊96　哲学をバックグラウンドにした人が差別について論じた書籍はこれまでわずかに2冊しかないようです（市川浩・坂部恵・村上陽一郎他編『差別』（現代哲学の冒険3）、岩波書店、１９９０年。中島義道『差別感情の哲学』講談社、２００９年）。書籍以外では、90年代前半に「差別を考える研究会」が編集した『年報差別問題研究』があり、包括的な研究の必要性が指摘されていましたが、92年と94年の2巻で終わっています。もちろん、フェミニズムや平等をめぐる議論は論文単位では展開されてきましたし、本書の考察にも活かされています。ただ、本書が試みたような「差別」という概念そのものに関する包括的な検討はありませんでした。

＊97　マーサ・ヌスバウム『正義のフロンティア――障碍者・外国人・動物という境界を越えて』（神島裕子訳）、法政大学出版局、２０１２年。

第二に、日本で差別の哲学が不在である現状は国際的にはかなり特異に見えるということも確認したいと思います。国際的に見ると、現在、哲学のあらゆる分野にフェミニズムの影響が見られることを取り上げれば明らかだと思います。たとえば、『ケンブリッジ哲学コンパニオン』という、ケンブリッジ大学出版局が出している哲学の各テーマに関する標準的なガイド本のシリーズがありますが、そのなかに、「哲学におけるフェミニズム」についての巻がありま す。すでに20年前、2000年に出版されたものですが、ほぼすべての哲学の領域にわたっています。[*98] 本書のなかでも、ヘイトスピーチに関する言語哲学、潜在的偏見についての知覚の哲学などを参照しています。いわゆる政治哲学や倫理学だけでなく、言語哲学や知覚の哲学のような原理的な問題を扱う、その意味で政治や倫理とは距離があるように見える哲学の分野も、差別についての研究を蓄積してきたのです。日本ではその一部が少し入ってきたところですが、これから変わっていくでしょう。

第三に、日本で差別の哲学が不在であることの背景には、法や文化といった日本社会の根底をなす要素も絡んでいるように思われます。

たとえば、第3章では、潜在的偏見の社会心理学的研究における「あからさまな差別」から「嫌忌的差別」へのテーマの移行を論じました。その後、他者経験や他者知覚への社会心理学的研究とは異なる哲学的なアプローチについても論じました。米国やカナダでは、経験科学でも哲学でも、それぞれの研究の資源を使って「嫌忌的差別」を研究者たちが論じています。このことの背景には、「あからさまな差別」が、法によって禁止され、目に見えるかたちで野放し状態を脱した経験があり、その上で、法によって解決できない差別の部分へとフォーカスが移行した、あるいは、移行することができた、という経緯があるのではないかと思われます。

他方、日本の文脈では、ヘイトスピーチのような「あからさまな差別」が２０００年以降になって大きく話題になり、第1章で取り上げた日本の差別語の分析など、哲学研究者の間でも差別が取り上げられることが増えてきたところです。日本の哲学では差別論の歴史が浅く、嫌忌的差別への移行のようなステップを踏むには至っていません。このように差別の哲学が長くほとんど不在だったこと、あるいは遅れていることの背景の一部には、日本に包括的な差別禁止法がないことがあるのではないかと私たちは推察しています。

日本の哲学研究はたいていの話題については、国際的な議論状況をよくフォローし、外国語の文献の翻訳も素早く行なうものです。しかし、差別の場合にはほとんど例外的なまでにスルーされてきたところがあります。もし差別禁止法がないことが、国際的な議論状況にキャッチアップして、あからさまな差別から嫌忌的な差別へと考察の幅を広げることを妨げているとすれば、差別禁止法の不在は、単に法的に差別を違法化できないというだけでなく、日常的か

＊98　この現状認識については以下を参照。飯田隆「男女共同参画と哲学」、『哲学分野における男女共同参画と若手研究者育成に関する理論・実践的研究』(研究成果報告書 研究課題／領域番号 16H03338)、２０１９年。

つ大規模な差別にきちんと目を向けられないという結果を生むものなのかもしれません。しかし、日常に差別が埋め込まれている状況を問題にできないことは、あからさまな差別の野放し状態を助長するという見方もあります。偏見やステレオタイプのような嫌忌的差別が蔓延しているところでこそ、ヘイトスピーチや暴力のようなあからさまな差別は誘発される、という可能性があるからです。[*99]

差別の哲学が日本においてほぼ不在である背景には、法の不在だけでなく、特有の文化の影響もあるように思われます。先に、国際的な哲学研究ではフェミニズムの影響が及んでいない分野はほぼないくらいだと指摘しましたが、日本ではその影響はとても弱いものにとどまっています。

これに関連してあるエピソードを取り上げたいと思います。筆者の1人が「フェミニズムと○○」という標題の学会シンポジウムに登壇したことがあります。哲学の学会のシンポジウムでフェミニズムがテーマになること自体は、過去からの変化を感じさせますが、質疑のときに、ある参加者が「フェミニズムとは要するに女性の社会進出の思想だ」として持論を述べたときのことが印象に残っています。当然ですが、フェミニズムは多様であり、またその層はとても厚いものであって、「女性の社会進出の思想」などといったものに要約できるものではありません。このような定型文句は明らかに、フェミニズムの著作を読んだことによって得られたのではなく、メディアが流すステレオタイプ化されたイメージから来ているでしょう。これほどまでにある思想を単純化し、そのような単純な理解を堂々と学会での発言中に述べ、しかも自分はそれについてわかっていると確信している、といったことが、他の学説や理論の場合にありうるとは思えません。たとえば、「○○論は要するに□□の思想に過ぎない」とステレオタイプ化された皮相な理解を自ら晒すような学者はいないでしょう。それが、フェミニズムの場合には、きちんと知ろうと努力しなくてももうわかっている、と決めつけられていることがよくあります。なぜ、他の学説や理論の場合にはこういう反応はないのにフェミニズムの場合だとこうなるのでしょうか。一つの可能性として、「女性の考えることは単純で聞かなくてもわかっている」という決めつけが、たとえば、この男性の発言者の背後にはあるのではないかと思われます。

これは一つのエピソードに過ぎないかもしれませんが、差別についての思考をこのように回避したり、それに耳を貸さなかったりするという傾向は、やはり、メディアなどによって強化され、現実に存在すると思われます。たとえば、第1章でジェンダー・ハラスメントは差別であることを論じたことを思い出してください。ハラスメントという言葉は比較的新しいものですが、この言葉が存在しないときから、ハラスメントに相当する行為が存在していたことは疑いがないでしょう。ハラスメントという言葉によって、それまでにも繰り返されてきた行為が

＊99　G・W・オルポート『偏見の心理』（原谷達夫・野村昭訳）、培風館、1961年、13-14頁）。

はっきりと不当な攻撃として浮き彫りになったと思われます。とはいえ、この語も、セクハラ、アカハラと略され、メディアでも取り上げられ、「迷惑行為」などと報じられると、平板で無難な概念になり、その不当性を把握できるものではなくなった、という面もあります。そこで、研究者のなかにはハラスメント概念の意味や射程をきちんと明らかにし、これを矮小化したり無効化したりする動きに反対する人もいます。しかし、その成果が取り入れられるためにはさらに越えないとならないハードルがあると指摘されています。アカデミズムを含めて、私たちの認識には人種や性別に基づく歪みがあります。黒人の発言は白人の発言よりも信用されないとか、女性の発言は男性の発言よりも真剣に受け取られない、などです。こうした状況がはびこる限り、私たちが世界や社会を見る見方は偏ったものになり、結局、その世界や社会についての共有されたイメージから、特定の人種や性別の人の見方はこぼれ落ちることになるでしょう。[*100]

日本の哲学の世界では、最近まで、フェミニズムというだけでも、王道の哲学的テーマではなく、良くて応用的なテーマ、通常は周縁的なテーマとして扱われ、悪い場合には、政治的に偏向した特殊な人間のやることだというレッテルを貼られてきました。今、私たちが、差別の哲学について本を書けるという状況は、フェミニズムをはじめ、世界のさまざまな地域での差別の哲学の蓄積があってのことであり、その議論を日本の文脈でも活かすことができるのは、これまで日本で差別と闘い、差別について語り差別について論じてきたさまざまな立場の人たちのおかげです。本書が、差別の哲学がまっとうな哲学のテーマとして受け入れられ、差別について哲学的に語り、研究することが広く実践されるように、状況が変化するきっかけになることを望みます。

＊100　こうした状況は認識的不正義（epistemic injustice）と呼ばれ、ポストコロニアリズムなどとも結びつき、幅広く研究が進展しています。日本語で読める関連する著作として以下はお勧めです。佐藤邦政『善い学びとはなにか――〈問いほぐし〉と〈知の正義〉の教育哲学』、新曜社、２０１９年。レベッカ・ソルニット『説教したがる男たち』（ハーン小路恭子訳）、左右社、２０１８年。

あとがき

差別とはどういうものか、差別はなぜ悪いのか、差別はなぜなくならないのか――。本書では、この三つの大きな問いについて考察してきました。これらの問いに取り組むにあたってぜひとも押さえておくべき論点を幅広く紹介し、差別について多面的に考えるきっかけを作ろうとしました。本書が問いに対するこのような多面的なアプローチを取っていることは本書の成り立ちにかかわっています。

本書の始まりは、東京の東村山市で「デモクラシーCafe@東村山」という対話カフェを主宰している八尾浩幸さんがアルパカという出版社を立ち上げた頃、次のような提案を受けたことでした。

対話をする場において、差別をテーマにしたことや、そうでないことについて話し合っている最中に、差別や偏見だと思われる発言がでて、そのことで傷つく方もおられるかもしれないと思うことがあるのですが、そもそも多くの方が、差別についてどう考えたらいいのか、どう対応したらいいのかということに悩んだり、わからずに困っていることを感じていました。そこで、差別について話し合ったり、哲学対話をしたりするとき、最低限押さえておくべき論点が学べ、シリーズで刊行していこうと考えている入門書を書いてもらえませんか。

この提案を受けて、私たちがまず思ったのは、差別について対話することの危うさ、怖さでした。自由に対話するというときには、誰もが対等な立場で同じような言葉の資源をもっていることが（少なくとも理想的には）前提とされています。けれども、差別のある世界とはまさに、誰もが対等な立場で対話のテーブルにつけるわけではない世界です。哲学カフェに集まってくる人たちには、性別、出自、障害の有無などに違いがあり、また、それらの違いは目に見えるものばかりではないでしょう。これらの特徴に基づいた差別が実際に存在しており、自由な対話状況はあくまで理想である以上、差別について語ることが、差別の現実を反映してしまう。そういう状況が思い浮かぶのでした。

本書における私たちの基本的なスタンスは、悪質な差別をあたかも問題のない単なる区別であるかのように偽装しないこと、それと同時に、何でもかんでも差別と呼ぶような言葉のインフレに陥らないようにすることでした。「拾いすぎることと拾えないこと」の両者を避ける道を探ってきたつもりです。それは、「これが差別なら、あれも差別だということになりますよね」とか「これが差別じゃないなら、あれも単なる区別ですよね」という（一見、哲学的？な）仕方で、拾いすぎたり拾わなかったりすることが、悪質な差別を単なる区別に引き下げたりすることがあるからです。そうした悪質さの軽視に抵抗したいと思いました。哲学カフェで「哲学的に考えよう」とした結果、このように差別を再生産する発言は生じえますし、その発言は参加者の誰かを傷つけているでしょう。しかし、本当の差別の哲学はそういう言動に陥ることへの抵抗の運動であるべきだと思います。

差別についてずっと考えてきた人、考えざるを得なかった人。そういう人にとって、差別についての哲学的な議論が差別と向き合うための武器になったり、自分自身の経験をよりはっきりと理解するためのツールになったりすれば、という思いがありました。平等、ヘイトスピーチ、偏見について考えてきたけれど、差別というテーマにどうつなげればいいか迷っている人。そういう人たちにとって、考えの幅が広がったり、考えがより有機的につながり整理されたりするきっかけになればとも思いました。あるいは、差別についてぼんやりとしか考えてこなかったために危うい論法に対するガードができていない人。そういう人が、もっとクリアに物事を見ることができたり、以前より考えが深まったり、あるいは考えが変わったりということが起これば、という期待もあります。

最後に、本書を執筆するにあたって直接的な影響を与えてくれた方々にお礼を申し上げたいと思います。

池田からはアテス・ムラット（Ates Murat）に感謝の言葉を送ります。彼は、今から15年ほど前に留学していたウィーンで、国際移民デーのデモで知り合い、同じウィーン大学哲学科の学生として哲学を学びました。今でも親友と言える友人であるアテスは、差別について怒るためには、あるいは差別を差別として認識できるようになるためだけにでも、深く広く哲学的に考えなくてはいけないことを私に教えました（というより、繰り返し説得しました）。日本語を解さない彼は本書を読むことはできませんが、本書を書く原動力には彼との対話が常にありました。

Danke dir, Murat!

堀田からは、15年以上前にフェミニズムの読書会に参加させて頂いた大越愛子先生と読書会のメンバーにまず感謝したいと思います。今から思えば大変生意気な若者だったと思いますが、読書会とその後の飲み会での議論で学んだことは単なる知識を越えて非常に大きな影響を私に与えています。それから、もう20年近く前になりますが、京都で自立生活を送っていた脳性マヒ者の高橋啓司さんとその介護ボランティアに入っていた仲間たちに。私は以前から差別についての関心は何となく持っていたような気がしますが、とくに介護ボランティアの経験で単に言葉上のものではなく具体的な問いに結び付ける観点を得ることができたと思っています。

次に、具体的に協力してくださった方々に2人からお礼申し上げたいと思います。小手川正二郎さん、八重樫徹さん、金友子さんに感謝申し上げます。お三方には、本書の全文を読んでいただき、私たちが気づくことのできなかった多くの問題点を指摘していただきました。すべてに対応できたかどうかは心許ないですが、わかりにくかった記述がかなり改善されました。

そして本書の執筆の機会を与えてくださり、刊行まで丁寧な仕事で導いてくださったアルパカの八尾浩幸さんに格段の感謝を申し上げます。

池田 喬（いけだ・たかし）
1977年生まれ。明治大学文学部准教授。専門：哲学・倫理学（特に現象学、差別論）。共著に『フェミニスト現象学入門：経験から「普通」を問い直す』（ナカニシヤ出版）、「「人種化する知覚」の何が問題なのか？――知覚予期モデルによる現象学的分析」（『思想』1169号）、共訳書に『差別はいつ悪質になるのか』（法政大学出版局）等がある。

堀田義太郎（ほった・よしたろう）
1974年生まれ。東京理科大学教養教育研究院准教授。専門：哲学・倫理学（特に生命倫理学・差別論）。共著に『レイシズムを考える』（共和国）、論文に「差別と社会集団」（『思想』1169号）、共訳書に『差別はいつ悪質になるのか』（法政大学出版局）、『傷つける言葉』（明石書店、近刊）等がある。

シリーズ・思考の道先案内1

差別の哲学入門

2021年12月1日　初版第1刷発行
2024年6月20日　初版第4刷発行

著　者　池田 喬・堀田義太郎
発行者　八尾浩幸
発行所　アルパカ合同会社
189-0002 東京都東村山市青葉町2-7-85
Tel 042-407-9120　Fax 042-390-6538
https://www.alpaca.style　http://democracylab.thebace.in
印　刷　モリモト印刷株式会社

ISBN 978-4-910024-02-8　C0010